iHuman

成
为
更
好
的
人

礼教与法律

法律移植时代的文化冲突

梁治平 著

GUANGXI NORMAL UNIVERSITY PRESS
广西师范大学出版社
·桂林·

LIJIAO YU FALÜ: FALÜ YIZHI SHIDAI DE WENHUA CHONGTU

出 品 人_刘春荣
责任编辑_徐　婷
助理编辑_周丹妮
封面设计_彭振威
责任技编_郭　鹏

图书在版编目（CIP）数据

礼教与法律：法律移植时代的文化冲突／梁治平著．—
桂林：广西师范大学出版社，2015.7（2020.1 重印）
　ISBN 978-7-5495-6792-8

　Ⅰ．①礼…　Ⅱ．①梁…　Ⅲ．①法律－文化－研究－
中国　Ⅳ．①D909.2

　中国版本图书馆 CIP 数据核字（2015）第 120408 号

广西师范大学出版社出版发行

（广西桂林市五里店路 9 号　邮政编码：541004）
（网址：http://www.bbtpress.com）

出版人：黄轩庄

全国新华书店经销

湖南省众鑫印务有限公司印刷

（长沙县榔梨街道保家村　邮政编码：410000）

开本：889 mm × 1 194 mm　1/32

印张：4.75　　　字数：70 千字

2015 年 7 月第 1 版　　2020 年 1 月第 2 次印刷

印数：3 001~8 000 册　　定价：40.00 元

如发现印装质量问题，影响阅读，请与出版社发行部门联系调换。

目　录

缘起:"欲救中国残局,惟有变西法一策"

19世纪最后数年,清帝国政治动荡,变故频仍,内忧外患,几达于顶点。甲午对日之战,北洋水师尽灭于一役。《马关条约》之签订,割地赔款,不但丧权辱国,也表明数十年洋务救国之努力,一夕间化为泡影。至此,朝野皆言变法,遂有戊戌新政。然而维新不过百日,即告终结。六君子慷慨赴死,维新党人亡命海外。中国错失改革良机。未几,酝酿已久的教民冲突,演变为席卷数省的义和团运动。清廷颠顶,竟希图假手团民,从中渔利,终至局面不可收拾,以致八国联军入京,"两宫西狩"。至此,清廷方才大梦初醒,意识到变革势在必行,因于光绪二十六年(1900年)十二月初十日发布上谕,征集变法良策。

光绪二十七年(1901年),两江总督刘坤一、湖广总督张之洞会奏变法,全面条陈变法事项,这便是著名的《江楚会奏变法三折》,其中,第二折提出"恤刑狱"等以整顿中法,第三折则提到要仿照西法厘定矿律、路律、商律及交涉刑律等。[1]

光绪二十八年(1902年)二月初二日,光绪皇帝发布上谕,谓"《大清律例》一书,折衷至当,备极精详。惟是为治之道,尤贵因时制宜。今昔形势不同,非参酌适中,不能推行尽善。况近来地利日兴,商务日广,如矿律、路律、商律等类,皆应妥议专条"。[2] 并责成袁世凯、刘坤一、张之洞慎选报送数员到京,听候简派,开馆编纂。当月二十三日,刘坤一、张之洞、袁世凯连衔上奏,会保沈家本、伍廷芳修订法律。四月初六日,清廷据此三人保奏,颁示谕旨:"现在通商交涉,事益烦多,著派沈家本、伍廷芳将一切现行律例,按照交涉情形,参酌各国法律,悉心考订,妥为拟议,务期中外通行,有裨治理。"[3] 清末法律改革由此开启,中国法律之现代化也由此发端。

自光绪二十八年至宣统二年(1910年),将近十年之间,

1　关于此两折具体内容,详见怀效锋主编《清末法制变革史料》(上卷),北京:中国政法大学出版社,2010年,第12—31页。

2　《大清德宗景皇帝实录》卷四九五,转引自李贵连编著《沈家本年谱长编》,济南:山东人民出版社,2010年,第101页。

3　《大清德宗景皇帝实录》卷四九八,转引自李贵连编著《沈家本年谱长编》,第106页。

法律改旧从新,其步伐日渐加快。光绪三十年(1904年)四月,修订法律馆开馆,该馆在修律大臣沈家本直接领导下,除了整理旧籍,译介西法,考察东西洋法制,培养和延揽法律人才,更删改旧律,订定新律,制定了多部现代式样的律典。其中,立法时间最长、也最具争议性的,乃是《钦定大清刑律》。该法自光绪三十三年(1907年)提出草案,至宣统二年十二月颁布,迭经修改,其间的纷扰攘争,牵动朝野,激荡人心。清末著名的礼法之争,便主要围绕这部法律展开。

而在百年之后,重新审视当年的论争,我们不难发现,这场仓促间进行的论辩,其意义不止关乎一部法律,甚至不只是与晚清的政治和法律变革有关。它所关涉的,实乃中国现代化过程中有关现代中国的构想以及建设现代中国的路径这类根本性问题。正因为如此,尽管当年的论辩因为清廷倾覆而戛然止歇,当初极具争议的论题也在日后愈加激进的政治和思想浪潮中迅即变得过时,但在纷繁多变的历史浮云之下,那些具有根本性的问题始终存在,挥之不去,至今仍然困扰着我们。

本书以下先简述《钦定大清刑律》立法过程,以及与之相伴的论争;然后叙述论争的主要内容,并论争双方的基本观点;之后,我将就当日论争涉及的若干问题分别加以讨论。结语部分,我会把这一事件置于更大的历史视界中观察与分析,求取其历史的、社会的意义,以为今日之观照。

折中各国，兼采新说：《大清刑律草案》

　　光绪三十三年，《大清刑律草案》修成。该《刑律草案》分总则、分则，计五十三章，三百八十七条，分别于当年八月二十六日（10月3日）和十一月二十六日（12月30日）奏上。

　　历史地看，此一草案的卓绝之处在于，它不但一改旧律体例，转而仿照西法，区分民事与刑事、实体法与程序法，而且更引入西方近代刑法的基本范畴、概念、原则和技术，从而在形式和内容两个方面，均与中国两千年来之律典大异其趣。修律大臣沈家本在八月二十六日所上《刑律草案告成分期缮单呈览并陈修订大旨折》中称："中国介于列强之间，迫于交通之势，盖有万难守旧者"，因以"憝于时局"、"鉴于国际"、"惩于教案"等因，缕数刑律之不能不改者。至于旧律之宜变通者,则列有五端,曰更定刑名,酌减死罪,死刑唯一,删除比附,惩治教育。[1] 十一月二十六日,沈氏于进呈刑律分则时又奏称:"是编修订大旨,折衷各国大同之良规,兼采近世最新之学说,而仍不戾乎我国历世相沿之礼教民情。"[2]

草案上奏之后,清廷随即谕旨发交宪政编查馆,由宪政编查馆分咨"在京各部堂官,在外各省督抚……订论参考,分别签注"[3]。此后两年,各部各省陆续签复,其间批评之声颇多。[4] 其议论所及,既有修订法律的基本原则,也有技术层面的种种问题。

光绪三十四年(1908 年)五月,学部率先复奏,"以新定新刑律草案多与中国礼教有妨,分条声明,奏请饬下修律大

---

1 详参故宫博物院明清档案部编《清末筹备立宪档案史料》(下册),北京:中华书局,1979 年,第 845—849 页。

2 《修订法律大臣沈家本等奏进呈刑律分则草案折》,载黄源盛纂辑《晚清民国刑法史料辑注》(下),台北:元照出版有限公司,2010 年,第 1426 页。

3 《宪政编查馆大臣奕劻等奏议复修订法律办法折》,载故宫博物院明清档案部编《清末筹备立宪档案史料》(下册),第 851 页。

4 其时参与修律的董康曾记其事云:"学部大臣张之洞,以刑法内乱罪不处唯一死刑,指为祖庇革党,欲与大狱,为侍郎宝熙所阻。复以奸非罪章无和奸无夫妇女治罪明文,指为败坏礼教,于是希风旨者从而附和,几于一唱百和,沈大臣卒以是免本兼各职,回侍郎本任。"董康:《前清法制概要》,载何勤华、魏琼编《董康法学文集》,北京:中国政法大学出版社,2005 年,第 232 页。原编标点错误甚多,本文以下援引该编,凡标点有误者径由引者改正,不再另作说明。此二事较详细的叙述,又见氏著《中国修订法律经过》,《董康法学文集》,第 463 页。

臣将中国旧律与新律草案详慎互校，斟酌修改删并，以维伦纪而保治安"。

宣统元年正月二十六日（1909 年 2 月 16 日），内阁奉上谕，谓"法律为宪政始基，亟应修改以备颁布。所有新订刑律草案，著京外各衙门照章签注，分别咨送，毋稍延缓，以凭核定而昭画一"[1]。翌日，则有著名的《修改新刑律不可变革义关伦常各条谕》：

前据修订法律大臣奏呈刑律草案，当经宪政编查馆分咨内外各衙门讨论参考，以期至当。嗣据学部及直隶、两广、安徽各督抚先后奏请将中国旧律与新律详慎互校，再行妥订，以维伦纪而保治安；复经谕令修订法律大臣会同法部详慎斟酌，修改删并，奏明办理。……惟是刑法之源，本乎礼教。中外各国礼教不同，故刑法亦因之而异。中国素重纲常，故于干犯名义之条，立法特为严重。良以三纲五常，阐自唐虞，圣帝明王，兢兢保守，实为数千年相传之国粹，立国之大本，今寰海大通，国际每多交涉，故不宜墨守故常，致失通便宜民之意。但只可采彼所长，益我所短，

---

[1] 《著京外各衙门签注新订刑律草案谕》，载故宫博物院明清档案部编《清末筹备立宪档案史料》(下册)，第 857 页。

> 凡我旧律义关伦常诸条,不可率行变革,庶以维天理民彝
> 于不敝。该大臣等务本此意,以为修改宗旨,是为至要。[1]

之后,修订法律馆按照朝廷修律谕旨,并据部院督抚大臣签注,对刑律草案重加修订,再由法部审定。宣统元年十二月二十三日,修订法律馆与法部连衔会奏修正草案,名《修正刑律草案》。其奏疏于申明刑律"必应变通"的三条理由之后,又云:

> 臣等督饬派出各员汇集中外签注,分类编辑、折衷甄采,并懔遵谕旨将关于伦常各款加重一等,其余文词亦酌加修改,务归雅训以期明晰。仍厘定为总则、分则二编,共四(按:当为五)十三章,凡四百零九条。惟中外礼教不同,为收回治外法权起见,自应采取各国通行常例,其有施之外国不能再为加严致背修订本旨,然揆诸中国名教必宜永远奉行勿替者,亦不宜因此致令纲纪荡然,均拟别辑单行法,藉示保存,是以增入《附则》五条,庶几沟通新旧,彼此

1　《修改新刑律不可变革义关伦常各条谕》,载故宫博物院明清档案部编《清末筹备立宪档案史料》(下册),第858页。引文标点由引者酌改。

遵守,不致有扞格之虞也。[1]

该《附则》第一条规定,拟于新法实行之前酌照旧律略分详细等差,另辑判决例,以资援引而免歧误。[2] 第二条更明定:

> 中国宗教尊孔,向以纲常礼教为重,况奉上谕再三告诫,自应恪为遵守。如大清律中十恶、亲属容隐、干名犯义、存留养亲以及亲属相奸、相盗、相殴,并发冢、犯奸各条,均有关于伦纪礼教,未便蔑弃,如中国人有犯以上各罪,应仍照旧律办法,另辑单行法,以昭惩创。[3]

《修正刑律草案》提出之后,宪政编查馆参议劳乃宣以草案正文"有数条于父子之伦、长幼之存、男女之别有妨",以及《附则》规定旧律礼教条文另辑单行法适用中国人系"本末倒置"等因,向宪政编查馆上《修正刑律草案说帖》,遍示京

1　《法部尚书臣廷杰等奏为修正刑律草案告成折》,载黄源盛纂辑《晚清民国刑法史料辑注》(下),第 1431 页。

2　转见劳乃宣《声明管见说帖》,《桐乡劳先生(乃宣)遗稿》(二),台北:文海出版社,1969 年,第 937 页。

3　转引自劳乃宣《修正刑律草案说帖》,《桐乡劳先生(乃宣)遗稿》(二),第 886—887 页。

外,要求将旧律有关伦常礼教各条,直接修入新刑律正文。沈家本则针锋相对,以《书劳提学新刑律草案说帖后》作答,逐条予以批驳。劳乃宣复以《声明管见说帖》回应,彼此往复论争。劳氏方面,有内阁学士、宪政编查一等咨议官陈宝琛,青岛法科教习德人赫善心等著文为之助阵。[1] 沈氏方面,则有参与新刑律修订的日人冈田朝太郎,以及修订法律馆和宪政编查馆诸人,助其"辞而辟之"。[2]

宣统二年十月初四日,宪政编查馆将《修正刑律草案》考订完竣,缮单奏呈。草案的这一版本对于内外各衙门签注"争之尤力"的[未列]子孙违反教令及和奸无夫妇女两条,皆维持前案,[3]并改《附则》为《暂行章程五条》。领衔上奏的宪政编查馆大臣庆亲王奕劻在奏折中指,原《附则》第二条列举各项,"仍用旧律,几致全体效力尽失,殊乖朝廷修订本意。……均请毋庸置议。应仍照该大臣第一次原奏,将危害乘舆、内乱、外患、对尊亲属有犯、强盗、发冢各项,及和奸无夫妇女之罪,并附则第五条(按指卑幼对尊亲属不得施行正

---

1 详见陈宝琛《读劳提学及沈大臣论刑律草案平议》;赫善心《德儒赫氏中国新刑律论》,均载《桐乡劳先生(乃宣)遗稿》(二)。

2 谢振民编著:《中华民国立法史》(下),北京:中国政法大学出版社,2000 年,第883 页。

3 详参《宪政编查馆大臣和硕庆亲王奕劻等奏为核订新刑律告竣折》,载黄源盛纂辑《晚清民国刑法史料辑注》(下),第1464—1467 页。

当防卫)酌拟暂行章程五条,借以沟通新旧而利推行"[1]。

宣统二年冬,该案敕下资政院,归入议案,待议决后奏请钦定颁布施行。交院后先付法典股审查,通过该审查之案即付议场会议议决。自十一月初一日开议,会场内外论辩甚炽。十一月十一日,议员劳乃宣提出修正新刑律案,联署者一百零五人。[2] 其修正内容包括修改两条又一项,移改两条,修复一条,增纂八条又一项。[3] 十二月初六日会议,移改"对尊亲属有犯不得适用正当防卫之例"[4],用起立法表决,赞成者少数,未通过。[5] 初八日会议,移改"和奸无夫妇女罪"一条,[6]用记名投票法表决,以赞成者七十七人、反对者四十二

1　同上揭,第 1466—1467 页。暂行章程五条之内容,详见黄源盛纂辑《晚清民国刑法史料辑注》(上),第 360 页。就其体例而言,附则改为暂行章程,是礼教派努力的一次失败。

2　详参劳乃宣《倡议修正新刑律案说帖》,《桐乡劳先生(乃宣)遗稿》(二),第 1027—1029 页。

3　详见劳乃宣《新刑律修正案》,《桐乡劳先生(乃宣)遗稿》(二),第 1031—1053 页。

4　修正案原文为:"'凡对尊亲属有犯不得适用正当防卫之例',移在第二章正当防卫之次。"同上揭,第 1045 页。

5　有关该案在资政院议决的情况,详见《资政院第一次常年会第三十七号议场速记录》,载黄源盛纂辑《晚清民国刑法史料辑注》(下),第 1506—1548 页,尤其第 1542—1546 页。

6　修正案原文为:"'凡和奸无夫妇女者,处五等有期徒刑或拘役,其相奸者同。前项之犯罪,须待直系尊亲属之告诉乃论,若尊亲属事前纵容或事后得利私行和解者,虽告诉不为审理',移在第二十三章和奸有夫妇女条后。"劳乃宣:《新刑律修正案》,《桐乡劳先生(乃宣)遗稿》(二),第 1050 页。

人之结果通过。[1]　最终，资政院仅议决总则，未及分则，即告闭会。

宣统二年十二月二十五日（1911 年 1 月 25 日），上谕裁定前案分歧，[2]"著将新刑律总则分则暨暂行章程先为颁布，以备实行"[3]。此即晚清新刑律定本，《钦定大清刑律》。

1　参同上文。有关当日会议及表决情形，详见《资政院第一次常年会第三十九号
　　议场速记录》，载黄源盛纂辑《晚清民国刑法史料辑注》（下），第 1581—1623 页，
　　尤其第 1601—1623 页。

2　主要的分歧涉及刑法规定的责任年龄。详参李贵连编著《沈家本年谱长编》，第
　　292—293 页。对此问题更多的讨论，详下文。

3　《〈钦定大清刑律〉谕旨》，载黄源盛纂辑《晚清民国刑法史料辑注》（下），第
　　1649 页。

世纪礼法之争

中国历代刑律,自汉唐而后,无不以礼教为其核心,宣统元年正月上谕所谓"中国素重纲常,故于干犯名义之条,立法特为严重",即是此意。正因为如此,围绕清末修律产生的争论中,礼教存废以及礼法关系,就成为最重大,也最敏感的论题。

不过,当时的争论并非只在一般原则的层面上展开,也不是只涉及抽象议题的泛泛之论。实际上,无论批评还是反批评,都不但极具针对性,而且涉及广泛,意蕴深远。举凡修法之目标、立法之原则、法律之原理、罪名之废立、罚则之轻重、法律之用途、法条之用语,乃至于变革之宗旨、革新之路径,无不在讨论和批评的范围之内。至于论争的具体内容和重点,则随草案制定、修改、审核及议决过程而有变化。

从《刑事民事诉讼法》到《大清刑律草案》

在《大清刑律草案》编成之前,修律大臣沈家本和伍廷芳先编定《刑事民事诉讼法》一部,这也是中国历史上第一部仿照西法订定的单行的诉讼法草案。光绪三十二年(1906年)四月,沈、伍二人将草案呈上,奏请试行,清廷随即发布上谕,谓"法律关系重要,该大臣所纂各条,究竟于现在民情风俗能否通行,著该将军、督抚、都统等体察情形,悉心研究其中有无捍格之处,即行缕析条分,据实具奏"[1]。湖广总督张之洞的奏折认为,该法

大率采用西法,于中法本原似有乖违,于中国情形亦未尽合,诚恐难挽法权,转滋狱讼。……盖法律之设,所以纳民于轨物之中。而法律本原,实与经术相表里,其最著者为亲亲之义,男女之别,天经地义,万古不刊。乃阅本法所纂,父子必异财、兄弟必析产、夫妇必分资,甚至妇人女子,责令到堂作证。袭西俗财产之制,坏中国名教之防,启

男女平等之风,悖圣贤修齐之教,纲沦法斁,隐患实深。[1]

　　奏折还特别论及领事裁判权问题,谓修律大臣变通诉讼制度,以冀撤去治外法权,其意虽善,但中国目下尚不能为外国侨民身家财产提供切实保护,在此情况之下,以为变通诉讼之法即可令其就我范围,"彼族能听命乎?"奏折接着指出:

　　　　纵使所定诉讼法条理完密,体例精详,亦必指瑕索瘢,借端责难,又安能尽餍其欲耶! 矧所纂各条,按之西律,不无疏漏混淆之处。近年与英、美、日本订立商约,彼国虽允他日弃其治外法权,然皆声明"俟查悉中国律例情形、审断办法及一切相关事宜皆臻妥善"等语,是已失之法权不能仅恃本法为挽救,其理甚明。所谓"一切相关事宜皆臻妥善"十字,包括甚广。其外貌则似指警察之完备,盗风敛戢,税捐平允,民教相安等事,其实则专视国家兵力之强弱、战守之成效以为从违。[2]

1　《张之洞奏遵旨核议新编刑事民事诉讼法折》,载怀效锋主编《清末法制变革史料》(上卷),第 400 页。引文标点据李贵连编著《沈家本年谱长编》,第 143 页,酌改。
2　同上揭,引文标点据李贵连编著《沈家本年谱长编》,第 144 页,酌改。

张之洞并引西洋及日本之例,说明诉讼法应于实体法之后编制,"庶几可收变法而不废法之效"[1]。与这份奏折同时附上的,还有对该法中 63 个条文的逐条驳议。[2] 这些批评涉及告诉、传唤、出庭、辩护、陪审、诉讼时效、调解、诉讼保全以及涉外诉讼及审判[3]等诸多环节。

张之洞不独为洋务运动的中坚,也是清末变法的主要推动者,且主张变法必以仿效西法为务,以为"欲救中国残局,惟有变西法一策"[4]。因此,他针对新法所作的批评,便显得意味深长。它代表了晚清变法、实则是中国早期现代化运动中的这样一种立场、一派力量:既主张改变旧制度,又有所保守;既提倡开放学习之态度,又坚守本己立场。具体言之,此项批评可注意者约有数端:首先,它所针对的虽为诉讼法,其关切所指却及于刑律、民律乃至源自西方的近代法精神。表

---

1 同上揭,第 401 页。

2 以按语计,则为 53 条。详见怀效锋主编《清末法制变革史料》(上卷),第 401—412 页。李贵连编著之《沈家本年谱长编》作 59,不知所据者何。又,因为各省督抚多持反对意见,《刑事民事诉讼法》未获公布。

3 奏折针对第二百五条、二百七条、二百五十五条、二百五十七条、二百五十八条等所作的按语,指出该法有关涉外诉讼及审判方面规定的若干粗疏与不当。(详上揭)考虑到清末法律改革的动因很大程度上是"外交的",而且其直接目标是要收回领事裁判权,法律起草者在主权问题上的不当表现是令人惊异的。

4 《致西安鹿尚书》,《张之洞全集》(第 10 册)。转引自李细珠《张之洞与〈江楚会奏变法三折〉》,《历史研究》2002 年第 2 期。

面上看,日后民律草案引起的批评远不及新刑律,其实,这并不能表明其少争议性。西式新法的基础是个人主义和平等主义,中国固有法则以富于等差的家族伦理为其圭臬,此二者之间的内在紧张不容忽视。这也是为什么,修律伊始,礼教问题即成为核心议题。其次,此一批评所呈现出的理路,正是张之洞本人提出的"旧学为体,新学为用"之体用说,这种立场不仅在当时能够引领潮流,在此后经久不息的文化思想论辩中也颇具影响。而在经验层面,讲求所谓"中国情形",也是晚清以来各种改革及其批评中不断出现的一种论说。再次,细观其议论可以发现,所谓礼教派并非不讲法理。事实是,批评者对西方法律知识的了解和运用,并不逊于法律的起草人。而在对各具体问题的讨论中,批评与被批评双方的立场,也很难被简单地归约为单一的道德诉求。最后,张之洞的奏折先以总括性意见陈述原则问题,再以摘录原文、加具按语方式对法律草案分条评述,这也正是日后各部及各省签注分别"原奏"与"清单"所采取的形式。总之,可以说,新刑律草案之前的这一轮论辩,不仅预示而且规定了清末礼法之争的性质、理路与格局。其实,它本身就是清末礼法之争的一个重要部分。而为这场论争确定基调的,正是张之洞本人。因此,当新刑律草案修成奏上之后,又是这位领袖群伦的张之洞率学部最先覆奏,以新刑律草案于礼教实多相妨而予批驳,这也毫不奇怪。

光绪三十四年五月七日的这份签注不但因为最先提出,而且立场鲜明,观点尖锐,更因为出自张氏之手,在当时颇具影响力,因此最值得注意。

奏折谓,中国"古昔圣王,因伦制礼,准礼制刑。凡刑之轻重等差,一本乎伦之秩序、礼之节文而合乎天理人情之至也。《书》曰:'明于五刑,以弼五教。'……此我国立法之本也。大本不同,故立法独异"。中国与西国,"各因其政教习俗而异,万不能以强合者也"。[1] 以下历数新刑律草案之谬,大意谓:中国即制刑以明君臣、父子、夫妇之伦,而新刑律草案于颠覆政府者,虽为首魁或不处死刑,对侵入太庙、宫殿等处射箭、放弹者,或科以罚金;此皆罪重法轻,不合君臣之义。新刑律草案对伤害尊亲属因而致死或笃疾者,或不科死刑,是视父母与路人无异,有违父子之义。又新刑律草案无妻妾殴夫之条,等之于凡人之例,是与夫妇之义相悖。新刑律草案对亲属相奸无加重处分,对强奸者处罚过轻,对犯奸行为竟置之不问,皆足以破坏男女之别而有余也。草案不列尊长殴杀卑幼之条,而等之于凡人,是足以破坏尊卑长幼之序。

1　《光绪朝东华录》,转引自李贵连编著《沈家本年谱长编》,第 221 页。

此外,针对修律大臣原奏所列旧律所宜变通诸端,张之洞也一一提出批评。以为根据律意与国情,笞杖有不能尽废者,罚金有不尽可行者,是以刑名未可全改;而死罪亦未可过减;死刑未可唯一;比附未可尽除;惩治教育尚须酌定年限。[1]

后面这部分意见,非仅涉及礼教,而更多考虑法律的合理性与实际效果。如关于删除比附。新刑律草案第十条明白规定:"凡律例无正条者,不论何种行为,不得为罪。"该条立法理由云:"本条所以示一切犯罪须有正条乃为成立,即刑律不准比附援引之大原则也。"[2] 其下又历陈比附援引之弊:一是司法官行立法者之事,司法立法混而为一,非立宪国所应有也;二是以官吏意见参入刑律之中,以律无明文之事,忽援类似之罚,无异于以机阱杀人;三是令审判官可以恣意出入人罪,刑事裁判难期统一。[3] 对此,张之洞反驳说:

据称比附易启意为轻重出入之弊,此诚不免。但由审判官临时判断,独不虞其意为轻重耶?引律比附,尚有依据,临时判断,直无限制。即如罚金一项,多或数千圆,少

---

[1] 详见上揭,第220—224页。

[2] 《刑律草案》第二章,第十条以下。黄源盛纂辑:《晚清民国刑法史料辑注》(上),第47页。

[3] 参同上揭。

或数十圆，上下更易，出入必多。且所定各条，多有同一罪
而定三种之刑，悉任裁判官定拟，范围太广，流弊甚大。[1]

而关于新刑律草案以十六岁为刑事责任年龄，规定"凡
未满十六岁之行为不为罪"的做法，张氏以为，此"惩治教育
一条，用意甚善，可以仿行。惟原定凡犯罪在十六岁以下，不
论大小轻重，皆无刑事上之一切责任，一以惩治教育处之，限
年太宽，恐滋流弊"[2]。类此议论，后来各部及各省签注意见
亦多响应。

在这份奏折里，张之洞再次谈到收回领事裁判权之事。
他首先指出，沈氏原奏所注意者，只收回治外法权一事。他
承认，"此节自是今日急务"，但紧接着指出：

查外人所以深诋中国法律必须改订者，约有数事：一
刑讯无辜，一非刑惨酷，一拘传过多，一问官武断，一监羁
凌虐，一拖累破家。果能将此数端积弊严禁痛改，而国势
实力日见强盛，然后属地主义之说可以施行，外人自不能
干我裁判之权。并非必须将中国旧律精义弃置不顾，全袭

1　《光绪朝东华录》，转引自李贵连编著《沈家本年谱长编》，第222页。
2　同上揭，第222—223页。

外国格式文法，即可立睹收回治外法权之效也。盖收回治外法权，其效力有在法律中者，其实力有在法律外者。[1]

关于法律异同与法权之关系，他又说："夫英、法、德即各用其国律，而无碍于完全之法权。日本采用各国法律，亦不能事事尽同于各国，仍无碍于收回已失之法权。可见我国今日改定刑律，于中国纲常伦纪之大有关系者，其罪名轻重，即使与各国有所异同，似亦无碍于收回此项法权也。"[2]

最后，奏折建议，刑律的修订，当在既有减轻刑罚的基础上，删繁就简。因此吁请"饬下该大臣将中国旧律旧例，逐条详审，何者应存，何者可删，再将此项新律草案与旧有律例逐条比较，其无伤礼教只关罪名轻重者，斟酌至当，择善而从，其有关伦纪之处应全行改正。总以按切时势，而仍不背于礼教为主"[3]。

张之洞对新刑律草案的批评，得到大多数部院堂官及各省督抚签注的呼应。修订新刑律，仍应尊奉明刑弼教、因俗立法的原则，这既是礼教派的共识，也是他们批评新刑律草案的出发点。在原则性的批评之外，签注作者们对于草案中

1　同上揭，第 223 页。

2　同上揭，第 223 页。

3　同上揭，第 223 页。

各项具体规定也各陈所见,其"清单"少则十数条,多则数十条乃至百余条。这些意见在嗣后的刑律草案修订过程中有少部分得到采纳。[1]

《修订刑律草案》提出后,随着立法进程的加快,有关新刑律的论战,其范围缩小,而往来交锋的频次则愈密。在劳乃宣同沈家本的往复论辩中,讨论由十恶、亲属相为容隐、干名犯义、犯罪存留养亲、亲属相奸、亲属相盗、亲属相殴、发冢、犯奸、子孙违犯教令诸条,最后集中于无夫奸和子孙违反教令两条。[2] 待草案经宪政编查馆考订后提交资政院审核、议决,论争焦点则主要集中于"子孙对于尊长侵害之正当防卫"和"无夫奸"二条,众议员激辩的程度更达于白热化。实际上,在此前的一系列论辩中,这些条款也一直是法理派与礼教派关注之所在。它们之所以牵动人心如此,并非因为其本身为刑法中最基本最重要的内容,而是因为它们所自出的两个范畴,男女和长幼,在传统道德、法律和政治上均有着特殊的重要性,以致针对这些条款所作的任何修改,都可能触

1　详参高汉成《签注视野下的大清刑律草案研究》,北京:中国社会科学出版社,2007 年。

2　详见《桐乡劳先生(乃宣)遗稿》(二)所收各篇文章。不过,由劳乃宣带头提出的新刑律修正案,共修改两条又一项、移改两条、修复一条、增纂八条又一项,其内容并不限于此。参见劳乃宣《新刑律修正案》,同上揭。

动和改变传统中国的某些核心价值。也因为如此,当日围绕这些问题的论辩,无论深入程度怎样,都直接间接地牵涉出近现代诸多重大理论问题。

"正当防卫"之辨

宣统二年十二月初六日资政院会议表决通过之草案第十五条,涉及正当防卫的概念是否应适用于子孙受到尊亲属侵害的场合。

中国法律之有"正当防卫"概念,自新刑律始,然而草案当初引入此概念,并未区分加害人身份,这意味着,子孙亦得援用正当防卫概念对抗尊亲属的侵害。这与传统上子孙对于尊亲属不得违逆,"小杖则受,大杖则走"的原则全然相悖。对此,部院及督抚大臣签注时颇多异议。作为妥协,《修正刑律草案》"附则"中有"凡对尊亲属有犯不得适用正当防卫之例"一条,以此限制草案第15条正当防卫加害人的范围。宪政编查馆为核订时,此条列为《暂行章程》第5条。劳乃宣等不满于此,提出修正案,主张将之加入正条,终未通过。

此前礼教派特别嘱意的子孙违反教令一条,与这一条亦有密切关系,因为后者隐有限制乃至取消旧律尊长惩戒子孙之权的意思,而此种所谓教令权,在礼教派看来,"实为教孝之盛轨。草案未列此条,殊非孝治天下之道"[1]。对此,沈家本的回答简单而干脆:"违反教令,出乎家庭,全是教育上事,应别设感化院之类,以宏教育之方。此无关于刑、民事件,不必规定于刑律中也。"[2]此一答复,要在分隔家、国为二,教育与法律各有所属。宪政编查馆法制编制局的意见把这一点说得很清楚:旧律子孙触犯,呈送发遣,仅凭父母之一言,直以君上之大权,畀诸个人之手矣。凡此均与立宪之宗旨不符。[依]钦定宪法大纲,臣民权利义务,非按法律所定,不加以逮捕监禁处罚,是人民之应处罚与否,以法律之有明文为断。况且,违反教令,语涉含混,与旧律之比附援引及不应为等条,弊害相等,其为不按法律可知。总之,教令一事,属之亲权则可,属之刑律则不可。[3]

在法理派看来,无论是主张保留父祖对子孙的教令权,还是要对"正当防卫"条款予以限制,都意味着缩小国家法律

1 劳乃宣:《修正刑律草案说帖》,《桐乡劳先生(乃宣)遗稿》(二),第924页。

2 沈家本:《沈大臣酌拟办法说帖》,《桐乡劳先生(乃宣)遗稿》(二),第935页。

3 《编制局劳提学新刑律说帖驳议》,转见李贵连《沈家本传》,北京:法律出版社,2000年,第320—321页。李著引文并未严格遵守引文规则,故本文凡转引该书引文,只注明页码,不加引号。下同。

一体适用的范围,都是对国家权能的不当限制。而从根本上说,这些都是旧的家族主义的残余,与宪政时代的国家主义原则格格不入。换言之,旧律是家族主义的产物,新刑律则代表国家主义,此二种主义、精神之间,彼消而此长,不能并存。

宣统二年十一月初一日,杨度以政府特派员身份赴资政院就新刑律草案作说明时,于新刑律修订宗旨之外,还特别阐述了他的这番国家主义理论,内中说中国的贪官污吏皆为慈父、孝子、贤兄、悌弟,因此"中国之坏,就由于慈父、孝子、贤兄、悌弟之太多,而忠臣之太少。因为家族主义发达,国家主义不发达,所以孝子、慈父如此之多,而忠臣如此其少,(拍手)致国家二字几乎不能成立,……现在国家改定法制,总以国家主义为宗旨,既然以国家主义为宗旨,则必要使全国的孝子、慈父、贤兄、悌弟都变为忠臣,(拍手)"[1]。三天后,杨度又在《帝国日报》撰文,直陈国家主义与家族主义之区别。文中说:

> 天子治官,官治家长,家长治家人,以此求家庭之统

1　《资政院第一次常年会第二十三号议场速记录》,载黄源盛纂辑《晚清民国刑法史料辑注》(下),第 1480 页。

一，即以谋社会之安宁，故中国之礼教与法律，皆以家族主义为精神者也。

各国则不然。……未成年之时，则教育之义务、管理之权利，皆属于家长，……成年以后则变家人而为国民矣。以君主立宪国论之，则国君如家长，而全国之民，人人皆为其家人而直接管理之，必不许间接之家长以代行其立法、司法之权也。……故各国之礼教与法律，皆以国家主义为精神者也。

……

国家主义之国，必使国民直接于国家而不间接于国家。以此眼光观今中国，乃直接者至少而间接者至多，虽有四万万人，而实无一国民也。……故此二主义者，不两立之道，无并行之法者也。……故此问题者，非区区一刑律之问题，更非区区刑律中一、二条文字句之问题，乃中国积弱之根本原因，而此后存亡所关之大问题也。[1]

杨度对家族主义的抨击赢得法理派的鼓掌、喝彩，但在礼教派这边，"闻者颇议其非"，甚而有人指为"造言惑众"，

1　杨度：《论国家主义与家族主义之区别》，载刘晴波主编《杨度集》，长沙：湖南人民出版社，1985年，第529—533页。

予以纠弹。[1] 批评者固不以国家主义为非,但他们不接受国家主义与家族主义不容两立之说。

有人以古罗马之家族主义为比较,指出杨度所谓中国的家族主义,实非一种家族制度,而是亲族制度。而杨度的"非家族主义",不合于经济政策,显悖于本国宗教即孔教,不适于中国之政治现象,且足以减少国民之繁殖力,故不可行。[2] "总之,居今日而提倡'非家族主义',而人们未必即因此而有国家思想,而旧有之社会基础先坏。盖今日中国之族制不足障碍国家主义,而我国民所以乏国家思想,其故在政治,而不在族制。专制政治之下,其人民必无公共心,无国家观念。此其理,稍治政治学者类能言之。论者乃以之归咎于族制,不顾我国之经济能力、政教现象,而欲灭弃数千年之社会基础,其果遂足以救亡乎?此诚非下愚所能知也。"[3]

又有人指出,中国伦理所谓事君不忠非孝也,据此义论之,则论者所称贪官污吏即"孝子慈父",绝非我国家族主义

1　御史胡思敬即指杨度为"逆员"、"匪首"、"奸细",意欲弹劾之。转见李贵连《近代中国法制与法学》,北京:北京大学出版社,2002 年,第 377 页。李著收有关于清末法律改革背景、过程、问题、论争以及人物的多篇文章,其观点和方法在大陆主流法制史传统中具有代表性。

2　详见《林氏辨明国家主义与家族主义不容两立说》,《桐乡劳先生(乃宣)遗稿》(二),第 991—998 页。

3　同上揭,第 998—999 页。

之正当解释。[1] 进一步讲,中国之家族主义有狭义和广义之分。孝、悌即是狭义的家族主义;事君不忠非孝也,战陈无勇非孝也,这是广义的家族主义。"广义之家族主义,谓之国家主义可也,谓之国家的家族主义可也。今欲提倡国家主义,正宜利用旧有之广义家族主义以为之宿根。何则?利用旧有者成功易,创造新有者成功难,破坏旧有以创造新有者成功尤难。况所破坏之旧有,即为所欲创造之新有,则破坏创造已为多事,而横生阻力,扰乱人心,此西报某访员所谓恐利未生而害先见者。不可不察也。"[2]

在稍后写成的《新刑律修正案汇录序》中,劳乃宣就家族主义与国家主义的关系问题,从政治角度作了进一步的发挥。他指出,春秋之世,国人莫不忘身以殉其上,毁家以卫其国。家法政治之下,民何尝不爱其国?而今日民之不知爱国,全是因为秦以来专制政体之所造成。"秦并天下,焚诗书以愚其民,销锋镝以弱其民,一国政权悉操诸官吏之手,而人民不得预闻。"[3] 故其但知有家,不知有国。"今乃谓民之不爱国由于专爱家,必先禁其爱家,乃能令其爱国,亦不揣其本

1　详参《江氏刑律争论平议》,《桐乡劳先生(乃宣)遗稿》(二),第1008页。

2　同上揭,第1007—1008页。

3　劳乃宣:《新刑律修正案汇录序》,《桐乡劳先生(乃宣)遗稿》(二),第870页。

之论矣。"[1]他又指出，西人固然皆知爱国，但却不是因为不爱其家。相反，其爱国之所由来，正是由于深明家国一体之理，知道国之不保，无以保家，乃推广而非破除爱家之心以爱国。而西人之所以深明家国一体之理，又是因为，立宪政体之下，"人人得预闻国事，是以人人与国家休戚相关，而爱国之心自有不能已者"[2]。如今，中国已预备立宪，相关制度在次第建立，假以时日，加以提撕，家国一体之理将必深入人心，推其爱家之心，而爱国之心亦将油然而生。"今乃谓必破坏家族主义乃能成就国民主义，不亦惧乎？"[3]最后，劳氏的结论是："本乎我国固有之家族主义，修而明之，扩而充之，以期渐进于国民主义，事半功倍，莫逾乎是。"[4]

"无夫奸"之辨

比较关于"正当防卫"条款的争议，宣统二年十二月初七日资政院围绕无夫奸是否定罪及是否列入刑律正文的论争

1　同上揭。
2　同上揭，第 872 页。
3　同上揭。
4　同上揭，第 873 页。

更形激烈。

旧律当中，无夫奸应否定罪科刑原本不是问题。《大清律例》之"刑律·犯奸"条下云："凡和奸，杖八十；有夫者，杖九十。"[1] 此一规定，上承唐律，历代相沿，虽有刑罚轻重的变化，然其为罪则一。然而在沈家本草拟的新刑律草案中，不再有和奸无夫妇女治罪之文。草案第二十三章"关于奸非及重婚之罪"，其章下按语云：

> 奸非之罪，自元以后渐次加重，窃思奸非虽能引起社会国家之害，然径以社会国家之故科以重刑，于刑法之理论未协，例如现时并无制限泥饮及惰眠之法，原以是等之行为非刑罚所能为力也。奸非之性质亦然，惟礼教与舆论足以防闲之，即无刑罚之制裁，此种非行亦未必因是增加，此本案删旧律奸罪各条，而仅留单纯之奸非罪也。[2]

此一修改，虽只涉旧律奸罪边际，但却触及礼教风俗，且引入新学，有开启变革的微妙效果。是以引来诸多指责。张之洞即指为破坏男女之别，其他签注作者也多持批评观点。

1　田涛、郑秦点校：《大清律例》，北京：法律出版社，1998年，第521页。

2　《刑律草案》(1907)，载黄源盛纂辑《晚清民国刑法史料辑注》(上)，第153页。

然而沈家本仍坚持己见。在他看来，草案批评者每以维持风化立论，不过是"浑道德法律为一"，不足为据。"国家立法，期于令行禁止。有法而不能行，转使民玩法而肆无忌惮。和奸之事，几于禁之无可禁，诛之不胜诛，即刑章具在，亦只为具文。必教育普及、家庭严正、舆论之力盛、廉耻之心生，然后淫靡之风可以少衰。"总之，"防遏此等丑行，尤不在法律，而在教化，即列为专条，亦无实际"[1]。

对于此说，劳乃宣在其名噪一时的《修正新刑律说帖》中予以痛驳，指"其立论在离法律与道德教化而二之，视法律为全无关于道德教化之事"。唯其如此，"故［彼］一味摹仿外国，而于旧律义关伦常诸条弃之如遗"。依劳氏之见，"法律与道德教化诚非一事，然实相为表里"。因此，必谓二者"毫不相关，实谬妄之论也"。针对法理派前述辩辞，劳乃宣指出：

> 推其意，盖谓法律具在而犯者依然，是乃道德之教化未至，非法律所能禁，法律既为无用之具文，不如去之。然则有杀人之律而仍有犯杀者，乃仁之教化未至也，将并杀

---

[1]　转引自劳乃宣《修正刑律草案说帖》，《桐乡劳先生（乃宣）遗稿》（二），第 901—902 页。劳氏并未指明此语是否出自沈家本本人，我在其他相关史料中亦未能查实其原始出处。然此语能够代表法理派立场，当无疑义。

人之律而去之乎？有盗贼之律而仍有犯盗者，乃义之教化未至也，将并盗贼之律而去之乎？鸦片烟之罪，赌博之罪，亦与奸罪同一教化未至，何以不去乎？无夫和奸之罪，因禁之无可禁，诛之不胜诛，遂以专待于教化为词而去之矣。有夫和奸之罪，同一禁之无可禁，诛之不胜诛也，何以不纯任教化而仍科以罪乎？以子之矛陷子之盾，法律与道德教化无关之说，不攻自破矣。[1]

对此，沈家本答曰：

无夫之妇女犯奸，欧洲法律并无治罪之文。……近日学说家多主张不编入律内。此最为外人着眼之处，如必欲增入此层，恐此律必多指摘也。此事有关风化，当于教育上别筹方法，不必编入刑律之中。孔子曰："齐之以刑"，又曰："齐之以礼"，自是两事。齐礼中有许多设施，非空颁文告，遂能收效也。后世教育之不讲，而惟刑是务，岂圣人之意哉！[2]

1　同上揭，第903—904页。

2　沈家本：《沈大臣酌拟办法说帖》，《桐乡劳先生（乃宣）遗稿》（二），第934—935页。

劳氏对此大不以为然,随即著《声明管见说帖》回应之,称:"天下刑律无不本于礼教。……谓法律与礼义两不相涉,教育与用刑全不相关,皆伪言也。"他又举例说:

> 今使有处女、寡妇与人通奸为其父母舅姑所捉获,事发到官,官判以无罪而两释之,吾恐其父母舅姑之羞忿无以自容,强者将制刃,弱者将自裁,合境之民亦将哗然不服矣。果能无害于治安乎!凡有害于治安之事,即应治以刑法之事。[1]

对沈家本以外国人之反应为考虑的做法,他又说:

> 今谓此最为外人着眼之处,如必欲增入此层,恐此律必多指摘。不知此亦最为中国人着眼之处,如不增入此层,此律必为中国人所指摘。畏外国人指摘,独不畏中国人指摘乎?况外国无此律无害治安,中国无此律有害治安乎?因避外人指摘致损本国治安,窃恐得不偿失也。且中

---

[1] 劳乃宣:《声明管见说帖》,《桐乡劳先生(乃宣)遗稿》(二),第940—941页。他在另一处又举例:"今使有人于此,其在室未婚之女与人通奸,而父杀其女,以旧律论,当以奸夫抵命,而其父无罪。若按今刑律草案论之,则奸夫无罪,其父当以杀人处死刑。设使果有此事,吾恐将万众哗然,激为暴动也。非特不能维伦纪,且将无以保治安。"劳乃宣:《修正刑律草案说帖》,同前揭,第903页。

国自定法律,何以畏外国人指摘乎?[1]

对上述沈、劳二人的论争,陈宝琛专就奸罪和子孙违反教令二事发表评论,支持劳氏的主张,同时也对劳氏所拟律文提出若干修订意见,以期达于合理。[2] 稍后,陈氏又撰文专论无夫奸定罪之当否,其中对反对派的各种理据有更详尽的批驳。比如针对"此事非法律所能为力"之说,他指出:

> 中国于无夫奸之为罪,深入人心,虽非纯藉法律之力,而究因律有明文,乡曲细民益知此事之不可犯,是于道德之外,多一法律以为后盾,未始非无形之辅助也。夫使中国旧律所本无,则人情相与淡忘,诚亦无所关系。以数千年固有之律法,一旦革除之,谨饬之士不知律意所在,或且疑为诲淫;无知之氓莫明法理之原,遂直视为弛禁。甚谓国家崇尚新法,贞节不重,佻达无伤,一歧百误,堤决流倒,有非首议之人所能预料者。[3]

1　同上揭,第 941 页。

2　参阅陈宝琛《陈阁学读劳提学及沈大臣论刑律草案平议》,《桐乡劳先生(乃宣)遗稿》(二),第 945—951 页。

3　陈宝琛:《陈阁学新刑律无夫奸罪说》,《桐乡劳先生(乃宣)遗稿》(二),第 953—954 页。

相应地,对主张"奸罪之有无在乎礼教及舆论",当"责实礼教、养成舆论,使人怀耻而不怀刑"的议论,他也不以为是,认为:

> 礼教舆论与刑律相为更迭之际,不能不视其速率之迟速以为权衡。夫以中国数千年圣经贤传之渐积,犹有逾礼越畔阳奉而阴违者。礼教舆论之为功缓而难见如此,当此礼教舆论之力未有加于前时,而先自抉其藩篱,荡逾偭越之风岂可复遏。窃恐当法律甫革之时,遂无余地以事礼教之修明,舆论之成立,而一瞬之间,一落千丈,于法律则明纵之,而欲以礼教舆论逆挽之,不亦难乎?[1]

这一轮论辩不乏可以深入及引申之点,不过,草案审议时间临近,讨论难再深入。资政院开议之日(宣统二年十一月初一日),政府特派员杨度到场说明,谓无夫奸定罪入律有四不便:1.法律难致公平,是立法上之不便;2.证据难求,是司法上的不便;3.与各国法律原则原理不同,不利于收回领事裁判权,乃外交上的不便;4.事为刑律所不及,且易伤父子之

1　同上揭,第954—955页。

恩,是礼教上之不便。[1] 十二月初八日,《大清新刑律议案》
再读,至第二百八十八条,[2] 众议员群情激昂,唇枪舌剑。双
方所陈理由无甚新意,只是态度更加激烈与决绝。最后只好
以投票决胜负。

1　详参《资政院第一次常年会第二十三号议场速记录》,黄源盛纂辑《晚清民国刑
　　法史料辑注》(下),第 1481—1482 页。参与草案起草的日人冈田朝太郎也表达
　　了类似见解。详参黄源盛《法律继受与近代中国法》,台北:元照出版有限公司,
　　2007 年,第 267—268 页。该书设专章讨论清末礼法之争以及有关无夫奸存废的
　　争论,对清末法律移植的历史、文化和制度问题也有很好的论述。
2　即《修正刑律草案》第二百八十九条:"凡和奸有夫之妇,处四等或五等有期徒
　　刑,其相奸者,亦同。"黄源盛纂辑《晚清民国刑法史料辑注》(下),第 254 页。

观察与讨论

"模范列强":
为承认而斗争

《清史稿·刑法志》述及清末变法,有云:"尔时所以急于改革者,亦曰取法东西列强,藉以收回领事裁判权也。"[1]这种说法,自有根据。的确,自光绪二十八年修法上谕之后,无论朝廷的谕令,还是大臣们的上疏、奏折、议论,凡论及修律,"乃群措意于领事裁判权"[2]。不过,透过表面的说辞细究底里,我们也不难发现,变法修律以收回领事裁判权,这与其说是当时谈修律者之间的一种共识,不如说是论者的一种

1　《清史稿》卷一百四十四,"刑法三",北京:中华书局,1986 年。

2　《清史稿》卷一百四十二,"刑法一"。

策略。

从法律上说，领事裁判权之设立，源于条约，而以废止领事裁判权为修律的目标，其动因也来自条约。光绪三十一年（1905 年）三月二十一日，沈家本上《删除律例内重法折》，其中谓："中国之重法，西人每訾为不仁，其旅居中国者，皆借口于此，不受中国之约束。……方今改订商约，英、美、日、葡四国均允中国修订法律，首先收回治外法权[1]，实变法自强之枢纽。"[2] 在新刑律修订过程中，此类议论甚为常见。而文中所谓"改订商约"，首指光绪二十七年订立的《中英续议通商行船条约》。该条约第 12 款规定："中国深愿整顿中国律例，以期与各西国律例改同一律，英国允愿尽力协助，以成此举。一俟查悉中国律例情形及其审断办法及一切相关事宜皆臻妥善，英国即允弃其治外法权。"[3] 中国随后与美、日、葡三国订立的商约，也载有同样条款。自此之后，列强放弃其在中国之领事裁判权的承诺，便成为改革旧律、修订新律最重要也是最常被提到的一项依据，而以法理派方面为鼓吹最

1　治外法权与领事裁判权本为二事，法律改革初期，人多不加区分，将二者混为一谈，沈家本虽为修律大臣，亦不免于此。

2　《寄簃文存》卷一，沈家本《历代刑法考》（四），邓经元、骈宇骞点校，北京：中华书局，1985 年，第 2024 页。

3　转见劳乃宣《修正刑律草案说帖》，《桐乡劳先生（乃宣）遗稿》（二），第 899—900 页。

力者。

然而,列强的这一承诺究竟有多少诚意,"允弃其治外法权"一款到底意味着什么,这些问题从一开始便有人提出。前引张之洞对《刑事民事诉讼法》和新刑律草案的批评,均论及修律与收回领事裁判权的关系。在张氏看来,通过变法自强撤销领事裁判权的目标固无不当,但以为单凭制定几部西式法律即可达成此一目标,则未免太过天真。如果因此而强求与西律一致,而放弃本国法律精义,那就更是不可接受的了。耐人寻味的是,最先提出这一批评的张之洞本人,正是《中英续议通商行船条约》第 12 款的始作俑者。当日,就是因为张氏的动议和努力,该条约才加入这一条款,那场艰难的谈判也因之而告结束。[1]

实际上,修律问题上具有实质意义的分歧,不在领事裁判权,也不在修律之事。前者当废,后者当为,这已经是朝野上下的共识。造成分歧与论争的,乃是学习的原则,修律的标准,以及因此而涉及的法律内容上的废立。而在这些问题上,收回领事裁判权之说,常常被用作一项简单易用而又颇具正当性的理据,因此也成为一个有争议和需要澄清的

---

[1] 关于当日中英谈判中加入此条的过程,参见高汉成《签注视野下的大清刑律草案研究》,第 16—20 页。

话题。

比如在涉及无夫奸的争论中，沈家本即以"此最为外人着眼之处"为理由立论。而"外人着眼之处"所以值得重视，恰是因为其涉及领事裁判权的废立。杨度在资政院就新刑律议案作说明时，就明白指出："刑律改良原为撤去领事裁判权之预备，若与各国原理原则不同，不能得各国之赞成，则事交涉必多阻力。因为各国刑法没有此条，如将此条加入正条，将来如中国男子、女子与外国人和奸，中国要按法律办理，外国人势必不受裁判，则于撤去领事裁判权有所藉口，不如现在不加入新刑律之中，以为外交地步。"[1]后来在议员就此条进行辩论时，他又解释说："国家定这个法律是要与各国法律一律，可以使外国人统统遵守，将来易于撤去领事裁判权。……既是各国都没有这一条而中国刑律偏要规定这一条，就是与各国刑律不能一律，将来就不能撤去领事裁判权。"[2]

然而在张之洞、劳乃宣一派看来，且不说"与各国法律一律"并不能达成"撤去领事裁判权"的目标，如此求与各国法

1 《资政院第一次常年会第二十三号议场速记录》，载黄源盛纂辑《晚清民国刑法史料辑注》（下），第 1482 页。

2 《资政院第一次常年会第三十九号议场速记录》，载黄源盛纂辑《晚清民国刑法史料辑注》（下），第 1605 页。

律一律,本身也是不可能之事。劳乃宣就说:"一国之律必与各国之律处处相同,然后乃能令在国内居住之外国人遵奉,万万无此理,亦万万无此事。以此为收回领事裁判权之策,是终古无收回之望也。"[1] 而"今修订刑律,必尽舍其固有之礼教风俗,而一一摹仿外国者,所持之说以收回领事裁判权一语为惟一无二之主张",[2] 这就更加严重和不可接受了。

说法理派以收回领事裁判权为"惟一无二之主张",或有夸大之嫌,不过,以收回领事裁判权为变革之枢纽,确实对整个修律活动有广泛而深刻的影响。

沈家本于奏进刑律草案分则时(光绪三十三年十一月二十六日)曾标举其"修订大旨",在"折衷各国大同之良规,兼采近世最新之学说,而仍不戾乎我国历世相沿之礼教民情"[3]。不过在中外、新旧、同异之间,他实际上是重外、趋新和从同的。此所谓同,即是杨度等时时标举的所谓"各国"之大同,因此必定是偏重于"外"的。沈家本当初历数刑律不能不改之理由,有所谓"怂于时局"、"鉴于国际"和"惩于教案"之说,其思虑无一不是指向于"外"。在隔年请求删改《大清

---

1 劳乃宣:《修正刑律草案说帖》,《桐乡劳先生(乃宣)遗稿》(二),第 899 页。

2 同上揭,第 901 页。

3 《修订法律大臣沈家本等奏进呈刑律分则草案折》,载黄源盛纂辑《晚清民国刑法史料辑注》(下),第 1426 页。

律例》以编定《现行刑律》的奏折中，沈家本更明白指出："方今瀛海交通，俨同比伍，权力稍有参差，强弱因之立判。职是之故，举凡政令、学术、兵制、商务，几有日趋于同一之势。是以臣家本上年进呈刑律，专以折冲樽俎、模范列强为宗旨。"[1] 具体在修律的标准上，从同则体现为所谓"齐一法制"[2]。

在无夫奸应否定罪问题上，据西律之有无定取舍，更以外人之着眼处为依据，这当然是"齐一法制"的著例。类似事例还有新刑律第三百十八条和三百十九条所规定之决斗[3]，以及第二十七章规定之堕胎[4]等。这些规定皆因一意模仿外国，而对中国社会现象及其后面的文化、心理等因素视而不

1　《修订法律大臣沈家本等奏请编定现行刑律以立推行新律基础折》，载故宫博物院明清档案部编《清末筹备立宪档案史料》（下册），第 852 页。

2　沈家本：《核议御史刘彭年恢复刑讯折》，转引自李贵连《近代中国法制与法学》，第 114 页。

3　新刑律草案载于第三百零六条及三百零七条。其条下立法理由对决斗与中律械斗的区别作了说明，然后指出："此俗欧洲盛行，然风气所感，异日难保不踵而行之者，本条之设以此。"详见黄源盛纂辑《晚清民国刑法史料辑注》（上），第 167 页。

4　新刑律草案于此章下说明云："堕胎之行为，戾人道、害秩序、损公益，本案故仿欧美、日本各国通例，拟以适当之罚则。"详参黄源盛纂辑《晚清民国刑法史料辑注》（上），第 170 页。

见,招致诸多批评。[1] 在此类具体罪名之外,新刑律采用的原则、学说、方法乃至一般概念用语等,被认为照搬外国而不合中国国情者,也不在少数。[2] 比如针对新刑律文词多取法日本之事,就有多份签注提出批评,以为法典为一代典章,其名词文法当精益求精,不宜专采诸日本。[3] "日本人以西书之名词翻我国之汉字,有渊源故书而确有考据者,有抚拾俗字而失其真义者。我国修订法律,取舍之间,应有权衡,典雅之字不妨相仍,桀骜之词概宜屏而不录。盖法律为诗书之补助,即刑罚亦系教育之一端。若条文词义与本国文学或相背戾,解释不易奉行遂难。"[4] 更有人视之为文化保全之事,如都察院签注就指出:"日令朝鲜习学日语,德在胶州设立德文大学,人不惜以全力扩张其国文国语之势力,我独于明刑弼

1　之前的《刑事民事诉讼法》多处规定源自西方的"宣誓"制度亦属此类。相关批评,见《张之洞奏遵旨核议新编刑事民事诉讼法折》,载怀效锋主编《清末法制变革史料》(上卷),第401—412页。

2　在京及各省衙门对新刑律草案的签注集中地展示了这些批评。详见高汉成《签注视野下的大清刑律草案研究》。

3　清末变法和法律改革,效仿日本的动机甚为强烈。晚清法律教育、人才延揽、法律译介乃至于包括新刑律在内的诸多新式法律的起草、厘定,日本法律家及留日学生的影响最为显著。张之洞在批评新刑律草案时,即直指新律"大都据日本起草员所拟原文,故于中国情形不能适合"。转引自李贵连编著《沈家本年谱长编》,第221页。关于清末法律改革过程中日本学者及留日学生的影响,参阅黄源盛《法律继受与近代中国法》,第65—85、125—128、144—146页。

4　转引自高汉成《签注视野下的大清刑律草案研究》,第73页。

教之大典,抛弃国文而效法东洋,不但外人所窃笑,即返而自思亦于心不安,于理不顺。"[1] 贵州巡抚的意见尤为尖锐:"国无论中外,莫不各有国文,亦莫不用全力为之保守。若全袭他人名词,是代他人扩张其势力。凡我人民遂不知不觉,尽从他人文教,而国体之尽失。"[2]

从同固为重外,重外则不尽表现为形式上的齐一。某种情形之下,特重于外,反而可能表现得与"各国"不同。新刑律以专章设立之"国交罪"即是如此。新刑律草案第三章"关于国交之罪",其章下总说云:"近年往来日就便利,列国交际益繁,本章所揭皆损害国家睦谊,而影响及全国之利害者,特兹设为一章,是最新之立法例也。"[3] 所谓最新立法例,即是各国所无而中国独有者。依该章草案最初的规定,侵犯外国君主、皇族等,依侵犯本国君主及皇室论处,至伤害来华

1　转引自同上揭,第91页。

2　转引自同上揭,第97页。另可参见第69、92、99、132页。此种忧虑和批评并非无据。部分日本官绅确实抱有藉由文教渗透和扩张其势力的想法:"今日之支那既渴望教育,机运殆将发展,我国先事而制其权,是不可失之机也。我国教育家苟乘其时,置喙于支那教育问题,握其实权,则我他日之在支那,为教育上之主动者,为知识上之母国,此种子一播,确定地步,则将来万种之权,皆由是其焉。"转引自黄源盛《法律继受与近代中国法》,第80页。

3　黄源盛纂辑:《晚清民国刑法史料辑注》(上),第93页。其具体内容,详参《刑律草案》第三章,前揭,第107—119页;《修正刑律草案》第三章,前揭,第107—125页;《钦定大清刑律》第四章,前揭,第118—132页。

外国代表之行为,则与伤害尊亲属论同。该章又规定以污损等手段侮辱外国之国旗国章者处刑,滥用红十字记号为商标者入罪。[1] 凡此种种,均为新刑律之异于"各国法律"者。

新刑律之设立妨害国交罪,且列为专章,在当日特定历史情形下,固然有现实利害上的考虑,但在另一方面,合于"近世最新之学说"无疑也是一项不可或缺的正当化理据。新刑律草案第一百十一条关于滥用红十字记号作为商标者处以罚金的"理由",就在指出此种行为"亦足生列国异议而有害国交之虞"的同时,断言此为"将来各国刑典上必须有之规定也"。[2] 此种以新为正当,进而趋求于新的信念和冲动,令立法者在刑事责任年龄问题上,也采取了一种相当前卫的立场,并因此引致一系列争论。

新刑律草案第十一条规定:"凡未满十六岁之行为不为罪,但因其情节,得命以感化教育。"此一关于刑事责任年龄的规定,不但完全背离旧律区分十五岁以下、十岁以下和七岁以下分别矜恤的传统,即使是在当时东西各国法律当中,其宽纵程度,也完全称得上是标新立异。对此,其条下"理由"解释说,传统上,各国于刑事责任年龄的确定,乃以未成

1　对于这类着眼于外交所作规定的批评,详见高汉成《笺注视野下的大清刑律草案研究》,第194—201页。

2　黄源盛纂辑:《晚清民国刑法史料辑注》(上),第95页。

年人辨别是非之能力为衡准,此种学说"至近年已为陈腐"。
新学说注重于教育,故以人受教之能力为确定刑事责任年龄
的主要考虑,而据各国之实验,"凡教育之力所能动者,……
以十六七岁之间为限,故本案舍辨别心之旧说,而以能受感
化之年龄为主,用十六岁以下无责任主义,诚世界中最进步
之说也"。[1] 此案既出,张之洞即对其妥当性提出质疑。其
后,各签注者对此亦多有批评。然而,沈氏坚持己见,至修正
刑律草案也只是略作妥协,改为十五岁。双方争执不下,以
至最后不得不提交"圣裁",而在正式颁布的《钦定大清刑
律》中将之确定为十二岁。[2]

　　清末法律改制,学习西法,最受困扰的,除了所谓礼教民
情与新法不相合,便是制度设施与新法的不相配。然而立法
者偏要取"近世最新之学说",引领世界潮流,法律与社会之
间的隔阂,因此而愈发触目。这种情形反映在法律结构上
面,便是在律典之外另辑判决例的二元架构,前者以明新法

1　同上揭,第48—49页。
2　对于当时包括刑事责任年龄问题在内的各项主要争论,高汉成《签注视野下的大
　　清刑律草案研究》一书论之甚详。批评性的意见,详参该书第4—6章。

原则,后者以定旧律等差。[1] 于律典正文之后另加"附则"或"暂行章程",同样表明了新旧规范并存的双轨制。[2] 制度结构上的这种安排,与其说是为了沟通新旧,不如说是一种半遮半掩的"一国两制"。所谓中国人有犯有关伦纪礼教各罪者,"应仍照旧律办法,另辑单行法以昭惩创",不啻是说要以新法应外,而以旧章治内。然而征诸法理,这种做法却有自相矛盾之虞。劳乃宣就指出:

> 修订新刑律本为筹备立宪、统一法权之计,凡中国人及在中国居住之外国人皆应服从同一法律。是此法律本当以治中国人为主,特外国人亦在其内,不能异视耳,非专为外国人设也。今乃按照旧律另辑中国人单行法,是视此

1　沈家本在回应劳乃宣说帖时,就主要运用这种法律结构上的安排,化解了劳氏的大部分批评和主张。详参沈家本《沈大臣酌拟办法说帖》,《桐乡劳先生(乃宣)遗稿》(二),第929—935页。而在另一方面,劳氏在与沈氏的辩论中特别指出"判决例"与"判决录"之不同,并要求法律馆尽快辑成判决例,交到宪政编查馆,"由馆与修正刑律一并查核,复奏请旨,同时颁行",同样是利用此种二元结构,以保证用新律形式而不失旧律精义。详参劳乃宣《声明管见说帖》,《桐乡劳先生(乃宣)遗稿》(二),第937—943页。

2　大陆法制史主流看法认为,"附则"也好,"暂行章程"也好,都是晚清法律改革不彻底的表现。这种看法不过是法理派观点的延伸。其实,法理派与礼教派当时均不满意于此,前者想要取消这部分内容,后者则希望把这部分内容变成正文。而政府却有意保留和利用这种二元结构,以观事变。关于这一点,杨度在资政院议场有清楚的说明。参阅黄源盛纂辑《晚清民国刑法史料辑注》(下),第1605页。

新刑律专为外国人设矣。本末倒置,莫此为甚。[1]

消除此矛盾的解决办法,在劳氏看来,就只能是"将旧律中义关伦常诸条逐一修入新刑律正文之内"。[2] 但是这样一来,中国的法律还能为列强所接受吗?损害中国主权的领事裁判权最终能够被收回吗?以立宪和法律移植为主要内容的清末变法,借用霍耐特的说法,是一场为获得承认而展开的斗争。[3] 所谓模范列强,齐一法制,均是为此。问题在于,本来是主体自我认同基本途径的承认,在这里却表现为一种令人困惑的自相矛盾的诉求和过程。因为,这场争取承认的斗争发生于东方衰败的传统帝国与西方新兴的现代民族国家之间,因此,对于前者而言,要求承认所意味的,就是痛苦的学习、适应和改造过程。换言之,承认所带来的,恰好不是

1　劳乃宣:《修正刑律草案说帖》,《桐乡劳先生(乃宣)遗稿》(二),第887页。

2　同上揭。后来的《暂行章程》中并不包含此条,不过,这种区分新旧的二元结构,在判决例和《暂行章程》上还是保存下来了。

3　参见[德]阿克塞尔·霍耐特《为承认而斗争》,胡继华译,上海:上海人民出版社,2006年。引用霍耐特的这一研究,并不意味着这里讨论的事例可以套用霍耐特的理论加以说明。实际上,霍耐特论述的重点是个体的自我认同和社会运动,而不是国家间关系。更不用说,我们所讨论的这一段抗争史,其性质不止于要求承认,且其中所包含的复杂性,也不能简单地用霍耐特的理论来说明。尽管如此,霍耐特围绕"承认"而展开的分析确实为我们观察这段历史提供了一种颇具启示性的参照。

其同一性的肯定和扩展，而毋宁是自我否定，是其同一性的逐步消解。19世纪40年代以降中华帝国变法图强的历史，展现的正是这样一个过程。进一步说，为承认而斗争的过程表面上看只是发生于国家之间，实际却引起一个社会内部最根本最深刻的改变。因为，想要获得"东西各国"承认的向外的努力，在这里是以本国内部"法律承认"和"社会重视"系统的改变和价值共同体的再造为前提的，[1]而这终将导致中国社会"文化上自我理解"（借用霍耐特的说法）的改变。这正是清末立宪和法律移植所具有的社会和文化意义。问题是，这一涉及根本的改变，以及它所采取的形式，在当时并非此一社会内部各种因素长期酝酿生成的结果，而是由变革主体在压力下由异文化的外部世界所输入。因此，要求承认所获得的，很可能不是主体自我认同的确立，而是其弱化、改变乃至丧失。实际上，围绕清末法律改革发生的种种争论，根本上是出于此种因文化认同而产生的焦虑。显然，要抒解这一焦虑，摆脱承认与认同之间的悖论式关系造成的困境，只是诉诸收回领事裁判权这一政治目标是远远不够的。人们

1　这里涉及的是法律和团结这两种承认模式，相关的论述，参见［德］霍耐特《为承认而斗争》，第114—135页。与霍耐特的论述不同的是，在我们所讨论的个案所处的时间点上，导致这种改变的机制不是以个体为出发点，也不是自下而上、由内及外地展开，而是由外及内、自上而下地从国家传导至社会及社会中的个体。

必须重新审视和回答这样一些问题：为什么要改革法制？改革的最后依据是什么？改制的基准何来，界域何在？法律为谁而立？新法的正当性基础在哪里？对这些问题的回答，不仅涉及对主体自身历史和传统的理解，也涉及对主体之外世界的理解，涉及对自我的重新界定，以及在此基础之上，对未来中国的想象。

如前所述，在清末围绕新刑律展开的论辩中，收回领事裁判权的正当性并未受到质疑。有争议的是达成这一目标的手段的有效性。比如，单靠"齐一法制"或者法律修订本身能否收回领事裁判权。在这一问题上，张之洞等人可以说代表了一种更清醒也更明智的现实主义立场。然而，对于这方面的看法和批评，法理派方面除了继续重复领事裁判权说辞，并未给予正面回应。对此，合理的解释似乎是，法理派并非天真到不知此中道理，但只要这一说辞仍然有助于推进其立法政策，他们便无意于在这个论题上与对手作进一步的较量。换言之，收回领事裁判权云云，在法理派方面，与其说是变法自强的目标，不如说是推动变革的策略，而他们也确实充分地运用了这一策略。[1] 但这就带来了若干问题。

首先，相对于立法上的甄别取舍细微节目，收回领事裁判权的原则过于一般化，不足以提供具体指导，引以为理据，反致笼统含混，失去针对性。其次，在清末变法话语中，君臣上下，众口一词，最无可置疑和具有政治正确意味的，便是收回领事裁判权之说。正因为如此，运用这一说辞往往能够化复杂为简单，有助于在短时间内凝聚共识，快速推进改革，但是与此同时，它也成了一个现成、方便、安全的答案，限制了改革的视野，妨碍人们对复杂的社会现实作更深入细致的思考，甚至干脆遮蔽了变法所涉及的更具原则性的问题。[2] 说到底，领事裁判权只是政治层面上的问题，而清末立宪和法律移植所涉及的，却是传统社会向现代社会的转型，是全球化所带来的文明间的遭遇和冲突，如此重大而复杂的议题显

1　"充分地运用了这一策略"云云，是仅就法理派利用这一说辞支持其修律主张而言，而与这些主张和做法是否真的有助于达成这一目标无关。令人困惑不解的是，在新刑律草案中，法理派对领事裁判权问题的处理，与限制、反对和最终取消领事裁判权的诉求并不一致，而且这一点既经批评者指出，彼仍坚持不改。详参高汉成《签注视野下的大清刑律草案研究》，第196—198页。考虑到之前张之洞的批评，这一现象就更具讽刺意味了。

2　后之论者曾就此批评清末之法理派，说他们"坐吃变法或立法政策外，不发一言"，在理论上一无建树。详见蔡枢衡《中国法理自觉的发展》，转引自孔庆平《改造与实验：中西二元景观中法律的理论之思（1911—1949）》，上海：上海三联书店，2009年，第43页。不过，孔著认为这一评价有失公允。见前揭，第43页，注47。关于法理派理论方面的努力及其局限性，下文有更详细的讨论。

然无法由一项工具主义的策略来支撑。设若没有领事裁判权之设，或者领事裁判权已经收回，中国仍须改弦易辙，行立宪之政，改西人之法吗？如果回答"是"，则改制更深一层的理据何在？依照此理据，何者当废，何者当存，新旧之间又当如何调停？礼教派以为，一国主权之完整与否，不依法律以为保障，而端视国力之强弱。诚如张之洞所言，收回领事裁判权，"其效力有在法律中者，其实力有在法律外者"[1]。所谓"治外之道，基于治内，内治而后外可得治"[2]。但是国力如何才能强盛？内治怎样方为可能？如果清廷采纳的不是奕劻、沈家本一派的方案，而是张之洞、劳乃宣诸人的主张，就可以实现国家富强、内外兼治的目标吗？历史不曾提供验证这一假设的机会。更重要的是，这种论证仍然是工具主义的，比较领事裁判权之说，这种论证虽然视野更宽，也更有现实感，但其本身仍未涉及生活价值和意义这类问题，而对这些问题的回答，才是主体自我认同的根本。

其实，在有关新刑律的论辩中，收回领事裁判权并非法理派方面唯一的理据；涉及新旧法律的取舍和存废，法理派的论证也并非只有政治和外交方面的考量。沈家本以各国

1　《光绪朝东华录》，转引自李贵连《沈家本年谱长编》，第 223 页。

2　都察院原奏，转引自高汉成《签注视野下的大清刑律草案研究》，第 91 页。

大同之良规、近世最新之学说,与中国历世相沿之礼教民情为修律的三项准则,前已述及。然而何为良规?为何要取近世最新之学说?倘此良规与学说"戾乎"中国之礼教民情,又当如何处置?进而言之,中外之间,价值可有高下先后之分?如若产生价值上的冲突,又当以何种价值为更优?对于这些问题,法理派方面未见有系统明白的说明,而新刑律却屡屡被指一味模仿外国,不顾中国之礼教民情。对于这类批评,法理派除了诉之于"外"的方面,也常常向"内"征引儒家经典。典型的例子还是沈家本。早在刑律修订之初,沈家本即惯以儒家经义为据,指出旧律之当废当改之由。如废酷刑、止刑讯、禁人口买卖等。[1] 及至新刑律草案出,沈氏对于礼教派各项批评指责,亦多引据儒家经典驳议。这种做法在当时无疑具有正当性,而且在许多具体事例中也颇具说服力。但是沈氏并未由此引申出更高一级的原则,用来协调矛盾,指导实践,更不用说就这类原则予以理论性的阐述。比较而言,礼教派的立场更加鲜明,其总纲可以张之洞"旧学为体,新学为用"之说代表。在变法问题上,他们主张学习西法,但强调为我所用。此所谓"我",则是以儒家基本义理为支撑的主体。因此,在刑律问题上,他们在学习、引进西法的同时,

---

1　相关奏折多收入《寄簃文存》,详参沈家本《历代刑法考》(四)。

力图保持明刑以弼教的传统,坚持立法服从于习惯(即所谓礼教民情)的原则。劳乃宣所谓"本旧律之义,用新律之体"[1],即是此意。两相比较,沈家本"托古改制"式的论证与其说是基本价值的判断和取舍,不如说策略的成分更多。

既然旧律之义不可取,学习西法的依据就只能在中国之外去寻找。清末变法以立宪为核心,修订刑律,也被认为是实行宪政的一个环节,其步骤的迟速一以立宪进程的节奏为准。因此,宪政的理念和原则可以被视为新刑律修订的依据。东三省的签注奏折即云:

> 今既屡颁明诏预备立宪,而法律实为宪政之根据,……详译总则草案之宗旨,大抵以生命为重,以平均为义,以宥过为本旨,故过失皆得减刑,以人格为最尊,故良贱无所区别。略举数端,皆与立宪体适相吻合。[2]

这种说法有一定代表性。宣统二年,宪政编查馆大臣、庆亲王奕劻等所上《为核订新刑律告竣折》亦称:

1　劳乃宣:《修正刑律草案说帖》,《桐乡劳先生(乃宣)遗稿》(二),第 915 页。
2　转引自高汉成《签注视野下的大清刑律草案研究》,第 201 页。

现在朝廷博采各国成法预备立宪，其要旨在保卫人权，《钦定宪法大纲》所有臣民权利义务均逐一规定，旧律之与立宪制度背驰之处，亦应逐加增损。上年臣馆奏定禁止买卖奴婢之律，即本此意。盖必用宪政同一之法律，而后可保臣民之权利、以尽义务。[1]

这里，立宪体或者立宪制度被视为刑律修订的衡准，立宪所展示的价值则是新刑律的正当性来源。但是，持这种主张的人并没有进一步说明，为什么中国必须采行宪政，为什么宪政所体现的价值优于或者高于比如王道理想。诚然，预备立宪是既定国策，但是以立宪为国策本身，其正当性也需要说明和证成。而在当时，最流行的论证是进化论。前引东三省签注就说，与立宪体相吻合的法律，当立扫严苛，一以公理为衡。而彼时所谓公理的一层重要含义，就是物竞天择、弱肉强食的进化论。[2] 清末礼法之争，并非改革与反改革之争，而是改革者内部之争，而人们之所以视改革为不可避免，在最低限度上，是因为他们都接受了进化论。物竞天择，强

1　《宪政编查馆大臣和硕庆亲王奕劻等奏为核订新刑律告竣折》，载黄源盛纂辑《晚清民国刑法史料辑注》（下），第 1465 页。

2　参阅金观涛、刘青峰《观念史研究：中国现代重要政治术语的形成》，北京：法律出版社，2009 年，第 27—28 页。

者胜出,而西人之所以强,在其均为立宪体。因为认识到这一点,即便是新刑律的批评者,也没有人反对新刑律本身,更没有人反对立宪。但是以进化论来论证变法的正当性,仍然缺乏实质性意义。

说到底,清末礼法之争的根本是在主体的文化认同。虽然变法有必然之势,但是因何而变,为谁而变,如何改变,尤其是,变而不失本我,这些问题却没有简单、现成的答案。况且,所谓本我,其本身也是思考、争论甚至改变的对象。处在变革的大时代,新旧交替,万事更新,本我也须在一系列颠覆和重塑之后才能确立,但也因为如此,一个基于对本民族历史文化传统深刻理解的主体概念,才变得如此重要,不可缺少。只是,在那样一个历史阶段,在匆促的变法和常常是情绪化的论辩中,对这些问题的思考和讨论没有充分展开和深入的机会。

"天下刑律无不本于礼教":
道德(主义)与法律(主义)之争

在领事裁判权之外,法理派与礼教派激辩的另一论题是法律与道德之关系。劳乃宣云:"收回领事裁判权之说,道德法律不当浑而为一之说，乃说者恃以抵制纲常名教之说之坚垒也。"[1] 此说揭示出清末法律改革中道德、法律二分说的一层重要含义：消解德主刑辅之礼法传统。在这样做时，法理派的主要方法，首先是确立礼与法同道德与法律之间概念上的等值关系，然后以道德与法律这一对西方近代范畴来替换礼与法这一对中国传统范畴，如此，则对于礼法问题的讨论就转而变成道德与法律关系的讨论。这里的问题是，礼与法，同道德与法律，这两对概念是否等值？法理派就此所提供的解释，其理据是否充分？

前引沈家本就无夫奸问题答劳乃宣文，就径引孔子"齐之以刑"与"齐之以礼"语录，言礼与刑"自是两事"，并指"后世教育之不讲，而惟刑是务"，绝非圣人之意。[2] 这种颇有代表性的说法，虽然引据经典，说服力并不强。因为圣人所讲的礼，并不只是道德、风俗之类，而首先是国家制度、文化秩序、社会体制。这样一种传统后世虽有改变，但是并未消解。而且礼法之间表里相须的关系，经历长时期演变，早已成为儒家法律传统最显著的一项特征。尤为重要的是，沈家本据

1　劳乃宣：《修正刑律草案说帖》，《桐乡劳先生(乃宣)遗稿》(二)，第904页。

2　沈家本：《沈大臣酌拟办法说帖》，《桐乡劳先生(乃宣)遗稿》(二)，第935页。孔子原文为："道之以政，齐之以刑，民免而无耻；道之以德，齐之以礼，有耻且格。"(《论语·为政》)

"圣人之意"对这种传统提出批评,其参照点却是移植的西法以及法律后面的指导原则,这种取向的诠释不获礼教派认可,毫不奇怪。不过,这并不是说,礼教派完全拒斥道德-法律之说,比如,劳乃宣就承认,法律与道德教化并非一事,他所反对的,是认为法律与道德毫不相干、教育与用刑两不相涉的主张。[1] 陈宝琛也明言,法律之范围不能与礼教同论。但是法律的适用,不能不以事实为衡量。[2] 以此观之,法理派与礼教派之间的分野,可以借助于近代法理学的框架来观察。

清末变法之际,法律实证主义在欧西诸国正如日中天。法理派的主张,明显是这一派理论的简单运用。然而,法律实证主义并非西方法律思想的全部,甚至在历史上也不是西方法律思想的主流。即使是在当时,它也只是与自然法学说和历史法学派三分天下,而后者中之自然法学说正是"道德法律浑而为一之说",且其历史极为久远,为西方法律史上第一大传统。只是,这两派学说并没有被礼教派拿来作思想和论辩的资源。

自然法学说视法律为道德之附属,法学为伦理学之分

1　详见劳乃宣《修正刑律草案说帖》,《桐乡劳先生(乃宣)遗稿》(二),第903页。

2　详参陈宝琛《陈阁学新刑律无夫奸罪说》,《桐乡劳先生(乃宣)遗稿》(二),第953页。

支,最近于礼教派立场。但是自然法被视为永恒、普遍之理性,这一点与中国之礼教大不相同。[1] 比之自然法,礼之范围广泛,内容庞杂而琐细。就个人而言,从生到死,一切生活起居、进退揖让的规则都有礼导引和支配;由群体言之,则家庭组织、社会制度、国家体制、文明准则,也无一不在礼的规范之下。表面上看,这种情形与西方历史上城邦国家早期风俗、道德、宗教、法律互相渗透的状态不无相似,其实它们形成的原因不尽相同,其历史形态以及发展的方向也大异其趣。简单地说,中国古代的礼法传统,根源于中国文明起源和国家形成时期家、国一体的特殊经验,代表了一种具有连续性的文明形态,在这种文明形态中,旧制度融合于新制度(所谓"旧邦新命"),并以相当完备发达的形式长期存在于社会之中。[2]

换一个角度,相对于清末的礼法之争,历史法学派主张的相关性或许更高。因为历史法学派强调风俗习惯的重要性,认为法律如同语言,均为民族精神之显现,这一点与强调

1　关于礼与自然法的比较,参阅梁治平《寻求自然秩序中的和谐——中国传统法律文化研究》第十二章,北京:商务印书馆,2013 年。

2　中国文明早期"家"、"国"关系的发展,对于中国古代政治和法律传统的形成具有决定性的影响,并使之区别于西方文明。参见上揭第一章。关于中国文明的连续性及其意义,参见张光直《中国青铜时代》(二集),北京:生活·读书·新知三联书店,1990 年,第 131—142 页。

礼俗和民情的礼教派立场显然更为接近。然而,历史法学派的主张同时又具有明显的非道德特征。他们所谓法律,"并不是凭借自身内在道德权威而取得约束力的理想道德准则,而是扎根于真正民族精神的大众习俗"[1]。换言之,他们所说的习俗或习惯,是作为道德的对立物提出的。在此问题上,他们显然距自然法思想更远,而更近于法律实证主义,亦不足为礼教派之用。

上述情形的微妙之处在于,礼法传统中之法律,融合天理、国法、人情于一:天理体现道德价值,以伦理秩序导引法律秩序;国法显现君主权威,是具有合法性的国家暴力;人情接引天理,同时又引事实于法律之中,为生活中的多样诉求提供正当性,令法律更切近于伦常日用。这里,普遍与特殊、形上与形下,虽非一事但并不隔绝对立,而是相互依赖和补足。这与西方法律思想传统中超验与经验之间充满张力,自然法学说、法律实证主义和历史法学派鼎足而立、各据一端

---

[1] [美]庞德:《法律与道德》,陈林林译,北京:中国政法大学出版社,2003 年,第 22 页。庞德在同书另一处指出,历史法学家找出的实在法必须遵从的"普遍的理想原则","并不是道德原则,而是惯常行为的原则。它们不是由理性展示的,而是通过历史考察发现的。……就这样,道德完全被置于法官与法学家的考虑之外"。(第 32—33 页)关于 19 世纪历史法学派、自然法学派和分析法学派在法律与道德关系问题上的分合与异同,详见该书各章。

的情形判然有别。[1] 所以，法理派直接由道德与法律问题切入，以道德、法律范畴置换传统的礼、法概念，可以说是在传统的架构中破屋而出，不啻为一件具有革命性的创举。实际上，引据圣人语录不过是一种方便的策略，法理派提出的实质性论断，或隐或显地都是出于现代西方。

资政院议员胡礽泰在论辩中说："道德的范围宽，法律的范围窄，法律是国家的制裁，道德是生于人心的。所以关系道德的事，法律并包括不住。"[2] 这种论断隐含的原则是今人所熟悉的，比如，"法律是最低限度的伦理"[3]；法律是附有国家强制力的规范，故为他律，道德则发自内心，靠自律及社会

1　比如庞德指出，自然法学家和历史法学家都看到实证法的不足，他们都认为在实证法规范之外还有一些未被表述出来的东西是决定性的。这些决定性的因素，在前者为"永恒的、理想的道德体系以及由此而来的法律原理"，而在后者那里则是"习俗和习惯"以及"民族精神"和在其中"追求自我实现的理念"。但在庞德看来，历史法学家们因此而"忽略了司法和法学在塑造法律规范过程中的首要因素"，即"考虑什么样的事物是和理想的法律目的以及所期待的理想法律规范体系相一致的"。比较而言，自然法理论更直接地揭示出这一点。参见［美］庞德《法律与道德》，第24—25页。显然，礼教支配下追求天理、国法、人情之统一的法与此不同，它同时兼具习惯和理想法律规范的因素。

2　《资政院第一次常年会第三十九号议场速记录》，载黄源盛纂辑《晚清民国刑法史料辑注》（下），第1615页。

3　语出 Jellinek（1878年），转引自［美］庞德《法律与道德》，第147页。此语实际包含两方面意思：广义上，道德包括法律的内容在内；狭义上，道德不同于法律，只包括超出最小值的那部分内容。庞德认为，广义上道德用来指涉全体，这一点极为重要。同上揭，第148页。

舆论支持。进一步说,道德注重内在的情感和动机,法律针对的则是外部的行为。[1] 因此,法律对于道德上的事项,很难产生实际效用。[2] 宪政编查馆编制局局长吴廷燮就说:"刑法之用,譬如药石,药石之投,纯视乎疾之轻重。若其疾并非药石所能为功,自不能不别筹疗济之方。犯奸之行为,全恃平居之教育,固非刑罚可获效也。"[3] 不过,这些论述似乎并不能将对方的主张驳倒。比如讲惩治犯奸为法律效力所不及,劳乃宣等就以和奸有夫之妇定罪之例相反驳。至于以制裁手段为法律与道德的界分,更是缺乏说服力。因为这种纯为外部的和形式的区分,不过是对现象的描述,并没有规范意义。它不能说明,就其性质而言,何者应被归入法律或是道德。视其为心灵的还是行为的而区分之,可以算是一种基于事物内在性质的分析方法,但是和奸之事,无论有夫无夫,涉及的都不只是情感和动机,而首先是行为。这样,问题又回到起点:究应根据何种标准来判定某种行为及其规范,属于道德范畴还是法律范畴。如果没有一种先验的或者基于事物本质的抽象而普遍的标准可以援用,剩下的就可能是一

1　参见［美］庞德《法律与道德》,第 74、97、140、144 页。

2　同上揭,第 109 页。杨度、冈田朝太郎等反对无夫奸入罪的理由都包含这一条。

3　转引自黄源盛《法律继受与近代中国法》,第 256—257 页。这种说法,在法理派方面几乎人人如是。

种历史的和文化的标准了。

实际上，冈田朝太郎就采取了一种历史主义的论证。他承认，早先人类社会，无论东西，并不区分法律与道德。泊乎18世纪之末，"道德宗教法律之混淆，达于极点，其反动力，遂有划清界限之说"[1]。延至19世纪，"所有一般法律思想，无不以属于道德范围之恶事与属于宗教范围之罪恶，盖置诸法律之外"[2]。而其现象尤以刑律中奸非罪之变更最为显著。"其余如单纯和奸、纳妾、调奸等罪，东西各国刑律中殆至绝踪。"[3]姑且不论这一法律史叙述成立与否，以之为论证来指责旧律视无夫奸为有罪的规定犯了道德和法律混淆不分的错误，将不可避免地陷于自我瓦解的困境。即使当新刑律修订之时，"东西各国"已将"单纯和奸"之行为除罪，而归之于道德范畴，这与中国社会何干？历史文化不同，社会条件不同，道德观念法律制度也不同。如果不是为了撤废领事裁判权，又如果不是因为无夫奸之定罪与否成为"最为外人着眼之处"，中国人为什么要人为弃绝传统，改变社会上下遵行的规范呢？总之，要切实证明变法的正当性与必要性，就

---

1 转引自黄源盛《法律继受与中国近代法》，第 267 页。

2 同上揭。

3 同上揭。在历史主义论证之外，冈田朝太郎也强调道德与法律两不相涉的"法律原理"。参同上揭，第 267—268 页。强调法律原理具有根本意义，而且，这也是法理派论证的基本特征。详下。

必须克服相对性,提出一种超越历史主义的理据。这个超越历史的理据,在当时,可以托之于"法律原理"。

法理派喜言法律原理,诚如其名称所指。讲原理的好处,在于其简单明了,一言可决,更不必考虑具体复杂且各不相同的历史社会因素。既然根据法律原理,法律与道德本为二事,两不相干,则新刑律将二者区分清楚的做法,便不容置疑。这便是为什么当日法理派屡屡以此为据,指斥礼教派欲以法律维护道德之非。议员胡礽泰说:"道德与法律原是两件事",若是将礼教"放在刑律里头维持,这个礼教就算亡了"。又说:"自有法家以来,这个礼教就算完了,……王道所以灭亡之故,因刑法参杂于道德之内,刑法既参杂于道德之内,则所谓道德者不过姑息而已,所以后来中国只有法律,并没有礼教。"[1]以为法律出而道德亡,故以王道不行、礼教不兴归咎于法家,不能不说是一种奇怪之论,而其中包含之法律、道德不两立的极端观念,虽然出自法理派议员之口,却暗

1　黄源盛纂辑:《晚清民国刑法史料辑注》(下),第 1614—1615 页。

合于当时更加激进的革命思潮。[1]

实际上，将道德与法律截然两分，视为互不相干之事，这种看法并不符合可以观察到的人类历史。即使是在西方社会，其法律与道德之间的分与合，也是一个历史上交替出现的重要现象。也因为如此，法律与道德之间的关系，就成为西方法学传统上最重要也最持久的议题之一。二十世纪英美法理学上最引人瞩目的几次论战均与此有关。其中，1960年代发生于英国的一场法律与道德论战，其事由与清末法理派与礼教派所争之事颇为接近。论战的一方是具有崇高地位的法官德夫林勋爵（Lord Devlin），另一方则是分析实证法学的领军者H. L. A. 哈特（H. L. A. Hart）。[2] 前者反对将同

1　可比较下面这段言论："抑又闻之，道德与法律二者不能相混，道德自道德，法律自法律，故郅治之世，法律可废，而道德终不可无。良以道德者，自由平等博爱之理，良知良能本具于人之天性，非由外烁，初不必刑驱而势逼也。乃中国独不然。以道德与法律混而一之，故曰出于礼即入于刑，又曰礼教与刑法相为表里。……夫道德而至于恃法律为保障，则此道德之之为道德，其价值亦可想而见矣。"愤民：《论道德》，载张枏、王忍之编《辛亥革命前十年间时论选集》（第三卷），北京：生活·读书·新知三联书店，1977年，第852—853页。登载此文的《克复学报》创刊于1911年，是一份革命派的刊物。这段议论强调旧道德之伪劣，必欲除之而后快，这一点与法理派或不尽同，但其分隔道德与法律，反对以法律执行道德的立场却一般无二。

2　自然，这绝不是两个人之间的论战。德夫林所代表的，是当时英国司法界一股甚为强劲的所谓法律道德主义的潮流，哈特所捍卫的则是自密尔和边沁以来的自由主义政治传统。详见［英］H. L. A. 哈特《法律、自由与道德》第二章，支振锋译，北京：法律出版社，2006年。

性恋行为除罪,以维护社会道德于不坠,后者则通过批判性地分析主张道德强制执行的各种理据,力图划定法律介入个人生活的范围和程度以维护个人自由。耐人寻味的是,尽管哈特"令人信服地"批驳了对方的观点,但其出发点和归宿都不是"法律与道德的分离"这一法律实证主义的基本命题,而是近代政治哲学的一项主旨,即民主社会中个人自由的维护。[1] 换言之,哈特并不是一般地反对以法律执行道德,而是要揭明以法律执行道德所需要的正当性理由。实际上,在当时的英、美社会,至少在性道德领域,法律对道德的强制执行并非例外情形。[2] 从理论上说,这种情形并不违背法律与道德分离命题,因为它们所涉及的是立法领域,而在法律实证

---

1 参见熊毅军《论现代西方法理学的三大论战——基于古今之争立场的审视》,济南:山东人民出版社,2009 年,第 56—64 页。

2 1895 年在伦敦发生的对英国著名作家奥斯卡·王尔德的审判,可能是维多利亚时代最引人瞩目的一场风化案审判。关于这次审判的详情,参见孙宜学编译《审判王尔德实录》,桂林:广西师范大学出版社,2005 年。而就在哈特发表关于法律与道德问题的演讲的前一年,英国刚刚发生了检察机关根据英国的《淫秽出版物法》对 D. H. 劳伦斯《查特莱夫人的情人》一书的起诉。参见[英]哈特《法律、自由与道德》,第 13 页。实际上,在"各种形式的成年男子之间的同性恋行为"之外,哈特时代英格兰法律所禁止的行为还包括"异性之间甚至是婚内性生活中的鸡奸行为,人兽性交,乱伦,利用卖淫牟利,为卖淫提供场所,等等"。涉及其他道德的法律则有比如反对堕胎的法律,反对重婚以及一夫多妻或一妻多夫的法律,还有反对自杀和安乐死行为的法律。而在美国,这种情形更要严重得多。参见上揭,第 29 页。

主义者看来,立法学从属于伦理学。[1] 以此观之,清末法理派对法律与道德关系的叙述,并未切中题旨。在无夫奸应否定罪的问题上,他们固然无法提出证据,证明当时的中国社会已经接受了一套新的道德观念,而立法者应当顺应人心,将这种行为从法律的领域中释出;同时又不能如哈特那样,根据一套政治理论,批判性地建构新的法律与道德的关系。在回应劳乃宣关于"亲属相奸"应立专条的主张时,沈家本以"此等行同禽兽,固大乖礼教,然究为个人之过恶,未害及于社会"为由论刑之轻重,[2] 隐约让人想到密尔关于个人自由的著名论说,[3] 但这距离提出一种区分社会与个人、法律与自由、公与私,进而界定道德与法律关系的理论还很遥远。

　　以性道德为观察点讨论法律与道德之关系,对于我们了解清末礼法之争中的不同立场、观点之得失固然最具相关

---

[1] 至少在被认为是法律实证主义创始人的约翰·奥斯丁那里是如此。对奥斯丁法理学的细致分析,参见[英]韦恩·莫里森《法理学:从古希腊到后现代》第九章,李桂林等译,武汉:武汉大学出版社,2003年。

[2] 沈家本:《沈大臣酌拟办法说帖》,《桐乡劳先生(乃宣)遗稿》(二),第930页。

[3] 密尔由"公民自由"出发,"探讨社会所能合法施用于个人的权力的性质和限度",他得出的结论是:"对于文明群体中的任一成员,所以能够施用一种权力以反其意志而不失为正当,唯一的目的只是要防止对他人的危害。"[英]密尔:《论自由》,程崇华译,北京:商务印书馆,1979年,第1、10页。这一著名论断既是哈特与德夫林论战中的主题,也是自由主义政治和法律理论今天仍然面对的一项重要议题。参见[美]布赖恩·比克斯《法理学:理论与语境》第十五章,邱昭继译,北京:法律出版社,2008年。

性,但是把法律与道德的关系局限于性道德的方面,无疑是把这一重要议题大大狭隘化了。西方法律史上,法律与道德的分与合是一个不断重复的主题,而它们之间的每一次分合,都成为推动法律发展的契机。因为正是道德的介入,使法律能够摆脱僵化和形式主义,去有效地回应社会需求。当其时,"法律制定必须完全符合道德的倾向,道德理念随之融入法律理念的进程,以及将没有法律制裁内容的道德转化为有效的法律制度"[1]。以高度抽象的形式理性为其特征的近代法律体系,同样是出自这种令法律和道德趋同的努力。[2]

19 世纪,法律实证主义蔚为大观,法律与道德无涉之说,其影响也达于极致。然而,法律与道德的对立与其说是一个可以观察到的事实,不如说是一个法律教义上的虚构。无论区隔立法和司法的分权体制,还是讲求形式理性和确定性的法律体系本身,都不足以维持法律的纯粹与自足性质。[3]人们发现,在现代法律形式主义自足的外表下面,政治的、经济的、社会的、伦理的因素依然活跃。而对这些法律中"非法

---

1 [美]庞德:《法律与道德》,第 44 页。这些阶段包括罗马法的古典时期,英国衡平法兴起的 16 世纪,欧洲大陆自然法向近代转型的 17、18 世纪。

2 庞德指出:"下一说法并不为过:使法律和道德趋同的努力——以法律规范覆盖道德领域,并使既存规范吻合一个合理的道德体系的要求——造就了近代法。"同上揭,第 45 页。

3 庞德讨论了法律与道德发生联系的四种场合,详见上揭,第 63—92 页。

律"因素的确认和强调,构成了20世纪许多新兴法学思想的源头。[1] 当代最有影响的法学家之一,罗纳德·德沃金,正是在同实证主义法学和他所谓"法律理想的犬儒主义"的论战中发展其法律理论的,而他所要捍卫的法律的"理想主义",简单说就是:"法律包含了并且服务于道德的目标这一见识。"[2] 这里,道德主要体现为政治美德,如正义和平等,德沃金要做的,则是"把法律理论,当作政治之道德性的一个通过对制度结构的进一步界定而区分出来的特殊部分来处理"[3]。这种取向所指向的法律与道德的关系,表面上看超出了清末道德与法律之争的范围,其实是揭示出潜藏于这场论争后面更深一层的对立和冲突,这一层对立和冲突涉及文明的根本。

近人王伯琦曾借用法国法学家狄骥关于准则法和技术法的区分,来观察和分析清末法制变革的性质。所谓准则法,"是强要社会的任何人遵守的作为和不作为的法则",而

1　这类法学思想的范围宽广,内容丰富,从欧洲的自由法学、利益法学,到美国的现实主义法学、社会学法学、批判法学、法律的经济分析,以及被目为后现代的各种法学思想。当然,就本文涉及的主题而言,更值得关注的是二战后复兴的自然法学,以及与自然法传统有直接或间接联系的各种法律理论。

2　[美]罗纳德·德沃金:《身披法袍的正义》"中文版序言",周林刚、翟志勇译,北京:北京大学出版社,2010年。相关争议,参见[美]理查德·A. 波斯纳《道德和法律理论的疑问》,苏力译,北京:中国政法大学出版社,2001年。

3　[美]罗纳德·德沃金:《身披法袍的正义》,第37页。

技术法,"则是在可能范围内用以确保准则法被遵守或实施
的法则"。[1] 前者为目的,如"摩西十诫",或近世民法三大原
则,[2]后者是达成这些目的之方法,如以强制手段保证遵行特
定规范的刑法,以及各种程序法。以此观之,则中国传统社
会的准则法并非刑律,而是刑律所要维护的社会价值和基本
规范,即礼。礼所展现的,是一个合乎儒家理想的社会秩序,
而要实现这种理想的社会秩序,其方法无外乎教化与刑罚。
历史上的儒法之争,所争者不在理想的社会秩序本身,而在
实现这理想的方法,即任德还是任刑,或者,应以何者为主。[3]
至清末礼法之争,情形则截然不同。这时双方所争的,是准
则法,在技术法层面,反倒没有严重分歧。[4]

　　以礼为传统中国社会的准则法,我们就很容易理解,为
什么道德-法律之辨在清末能够激发如此激烈的论争。循着
这一思路,我们也不难发现,源于近世西方的法律与道德之
间的界分,在其学术的、技术的含义之外,还有一层政治的、

1　王伯琦:《近代法律思潮与中国固有文化》,台北:法务通讯杂志社,1993 年,第 2、
　　3 页。

2　王氏认为法国拿破仑法典中"只有三个准则法:契约自由,财产之不可侵,因过失
　　致人损害者应予赔偿"。同上揭,第 3 页。王氏并未提到"摩西十诫",但认为隐
　　含于刑法的准则法不过是不得杀人、不得盗窃、不得诈欺及背信之类。同前揭。

3　参见王伯琦《近代法律思潮与中国固有文化》,第 9 页。

4　参见上揭,第 21—25 页。

道德的意义。主张其分者,意在确立基于形式理性的法的确定性与自治性,进而保障个人权利;强调其合者,希望明白揭示法律所依循的政治道德如自由、平等,保证法的完整性和正确性。这些主张,无论分合,均不出近代自由主义分别公域与私域、注重个人权利的论域之外。换言之,西方近代的法律与道德之分,只有放在现代政治哲学及其道德基础的视界内,才能够得到切实的了解和说明。[1]

清末法理派称,法律与道德之分,乃是出于"法律原理",但这原理显然并非普遍真理。尤其是,在把礼法概念分解、置换为道德与法律范畴之际,他们其实是不动声色地发动了一场革命,要将中国的准则法逐出于法界,而代之以西洋准则法。这时,道德与法律之分在中国语境中便有了一种新的意味。法律不仅与道德相分离,而且与之截然对立:[固有之]礼出于圣人,以教化人心为旨归,[近代之]法严公私之分,以权利为优先,不复言善;礼之用在去私,为人欲之节度,法之用在赋权,为欲求之保障;礼者别异,注重等差,法者首重平等之义,以消弭等差为鹄的。原本是文明之间准则法上的对立,在此变成一国之内道德与法律间的紧张。而且这种

1　在当代,法律论争的技术化倾向往往淡化和掩盖了这些更具根本性的问题。参阅熊毅军《论现代西方法理学的三大论战——基于古今之争立场的审视》。

紧张注定不能持久，终将以一场颠覆性的革命结束。这便是问题的症结所在。[1]

英国法官德夫林勋爵相信，维系社会存在的不是政治理念，而是道德理念，因此，社会有权以强制性手段保护其道德，通过立法惩治不道德的行为。[2] 他进一步指出：

> 既存的道德对于社会福祉而言，就像一个好的政府那样是必须的。社会崩溃往往内因多于外在压力。不存在一般性道德的社会往往就会崩溃，历史也表明，道德联结的松弛往往是走向分崩离析的第一步，因此，社会采取与其维护政府或者其他根本性制度相类似的步骤去保持其道德法典的做法是正当的。[3]

哈特驳斥了这种"社会崩溃论"。因为这种论说假定，存在一个严密无隙而且与社会同一的道德体系，以至于对道德现状的任何改变，哪怕是其中最具私隐性质的部分，也将导致整个社会的瓦解。在哈特看来，这种假定并不成立，基于

1　从更宽泛的角度看，这也是一种古、今之争。关于古、今之争的意义，以及由此为着眼点对当代诸多法学问题的梳理，参同上揭。

2　参见支振锋《译后记：刑罚的限度》，载［英］H. L. A. 哈特《法律、自由与道德》，第88页。

3　转引自支振锋《译后记：刑罚的限度》，同上揭，第89页。

这一假定所作的论述,其实不过是一种拒绝改变社会现状的"道德保守主义"。[1] 的确,20 世纪中叶的英国社会不会因为某些性道德禁忌的松解而陷于崩溃的危境,然而,这个夸大其词的"社会崩溃论",在清末的社会背景下却并非虚言。这当然不是因为上述假定在中国社会里可以成立,而是因为劳乃宣辈的中国与哈特辈的英国所处的历史情境完全不同。当此准则法根基动摇、道德被逐出法律、礼俗与国法全面背离之际,包括性道德在内的所谓"礼防"的松弛不啻是社会崩解的征兆。事实上,清末的社会确实是在一系列历史震荡之中分崩离析,不复存在。而且,在此震荡中瓦解的不只是政治的社会,也是社会共同体和文化共同体。

"必使国民直接于国家":
家族主义与国家主义之争

清末礼法之争,在抽象的学理的层面,表现为道德与法律之争,而在实质的价值的层面,涉的则是礼教的存废。而无论礼教还是道德,在社会制度层面,最后都落实于家族

1　参阅[英]H. L. A. 哈特:《法律、自由与道德》,第48—51 页。

制度。因此之故，礼法之争日炽，家族制度必不能免。而家族制度地位的动摇，势必引起更大波澜，激发更激烈的论争，并迫使人们直面中国当时所面临的重大而迫切的问题。

如前所见，被视为家族主义的替代物而与之同时提出的，是所谓国家主义。而国家主义，在当时输入于中国的新思潮中，不啻是对知识人群最具号召力和影响力的观念之一。在资政院审议新刑律的议场上，以家族主义为旧律精神、国家主义为新律鹄的，进而抨击家族主义不遗余力的杨度本人，正是服膺于国家主义的中国知识群体中的重要一员。

1907 年，尚在日本的杨度在《中国新报》连载十数万字的长文《金铁主义说》，以所谓世界的国家主义或经济的军国主义相号召，系统阐发其国家理论。在他看来，中国要求得富强，自立于世界民族之林，就必须顺应时势，成就经济的军国主义。其基本公式为：对内的——富民——工商立国——扩张民权——有自由人民；对外的——强国——军事立国——巩固国权——有责任政府。[1] 在这个公式里，享有权利的自由人民和独立而强盛的国家，分立于内外，互为表里。因此，国民之程度与国家之程度，亦成为一事之两面。国民

---

[1] 杨度：《金铁主义说》，载刘晴波主编《杨度集》，第 226 页。

之程度须视其军事、经济、政治的能力以及责任心而定,其中,国民之责任心尤为关键。事实上,依杨度的看法,中国人之军事、经济和政治的能力,"其本质优于世界各民族,至现形则优于东洋,而劣于西洋"[1]。造成此种[比较西方]"本质优而现形劣"之情形的根由,"则能力虽发达而责任心不发达故也"[2]。而此责任心的不足,根源又在社会制度。杨度根据英儒甄克斯的论著,将人类社会的进化分作三个阶段,即蛮夷社会,宗法社会,国家社会。而中国社会的演进,在他看来,自秦汉以后即在宗法社会与国家社会之间,而近于后者。宗法社会仍有一分之留余物,这留余物即为社会上之家族制度。[3] 这样,在国民与国家的二元架构之间,我们看到了第三维:家族制度。只不过,在杨度的社会和国家理论中,这一维是应当被抑制乃至消除的。

杨度承认,家族制度在历史上有其必然性与必要性,然而以当日世界情形论之,中国社会之所以落败,乃在于未能进于完全的国家社会,而其所以未能进于完全的国家社会,就是因为家族制度太过强固,以至于窒灭了个人。在他看

1　同上揭,第 259 页。

2　同上揭。

3　同上揭,第 255 页。这种对中国社会的认识基本上来自严复。参见严复《〈社会通诠〉按语》,载王栻主编《严复集》(第四册),北京:中华书局,1986 年,第 923 页。

来,中国社会,举国之人无非两种:家长和家人。前者为有能
力而负一家之责任者,后者为无能力而不负一家之责任者。
家人之不能有责任自不待言,即便是家长,因为人人有身家
之累,亦"不暇计及于国家社会之公益,更无暇思及国家之责
任矣"[1]。总之,无论为少数之家长,抑或是多数之家人,无
一能负起国家之责任。而这都是以家族为本位,而非以个人
为本位所造成的。放眼人类进化历程,杨度作出这样的
总结:

> 故封建制度与家族制度,皆宗法社会之物,非二者尽
> 破之,则国家社会不能发达。西洋家族先破而封建后破,
> 且家族破后封建反盛,至今而二者俱破,故国以强盛。中
> 国封建先破而家族未破,封建破后家族反盛,至今而一已
> 破一未破,故国已萎败。此二者之所以异,而亦世界得失
> 之林也。[2]

如何改变此种状况,使中国由弱而强?杨度以为,"宜于
国家制定法律时采个人为单位,以为权利、义务之主体"[3],

---

1 杨度:《金铁主义说》,载刘晴波主编《杨度集》,第 256—257 页。

2 同上揭,第 257—258 页。

3 同上揭,第 258 页。

再辅之以教育,使人人皆成为有能力之家长,"人人有一家之责任,即人人有一国之责任,则家族制度自然破矣"[1]。换言之,破除家族主义,造就新国民,建设新国家,进而挽救中国,变革法律实为其枢纽。杨度在修订刑律最后阶段参与其事,并扮演重要角色,固然有机遇成分,然而自其理论及信念观之,亦非出于偶然。也正是通过他,我们可以看到围绕修律的若干论辩与当时更具一般影响力的社会思潮之间,以及法律变革与社会变迁之间更为广泛、深刻的联系。

1895 年,严复连续发文,论世变及存亡之道,振聋发聩。他祖述达尔之义,认为"民民物物,各争有以自存",种与种争,群与群争,国与国争,"而弱者当为强肉,愚者当为智役焉"[2]。他更指出,强弱存亡之端有三,曰民力、民智、民德。"是以西洋观化言治之家,莫不以民力、民智、民德三者断民种之高下,未有三者备而民生不优,亦未有三者备而国威不奋者也。"[3]在他看来,西洋政教要旨所归,一以其民之力、智、德为准的,故其民富而国强。而中国之羸弱亦在此。因此,振兴中国之本,就在鼓民力、开民智、新民德三端。[4] 这一

---

1 同上揭。

2 严复:《原强》,载王栻主编《严复集》(第一册),第 5 页。

3 严复:《原强》(修订稿),载王栻主编《严复集》(第一册),第 18 页。

4 参同上揭,第 27 页。

主张的提出,表明中国人对于世界及自我之认识的一个重要变化,救亡之道的重点,从此便由器物和制度的层面,转移到思想、观念、文化的层面。对人的改造因此而被提上议程,成为清末以降一系列改革运动的指导原则。

最早的国民改造运动,是1902年由蔡锷首倡并得到梁启超、蒋百里、杨度、张骞、蔡元培等人积极响应的所谓军国民运动。[1] 也是在这一年,梁启超创办《新民丛报》,并以"新民"为主题发表系列文章,系统阐明其新民说。这组后来以《新民说》为题的文字风靡中国,不但为当时的国民改造运动提供了理论上的支持和指引,其本身,作为中国近代国民改造理论的经典,对于此后中国社会、政治与文化的发展也具有深远影响。实际上,表面上似乎距此遥远的清末修律运动,也是这场意义深远的改造运动不可缺少的重要一环,其历史意义只有放在当时更加广阔的文化思潮和社会运动的脉络中才能得到真切的理解。

杨度在围绕新刑律展开的礼法之争中的立场,以及他关于国民与国家、国家主义与家族主义的论述,无不揭示出大变动时代法律与社会、制度与文化、个人与国家之间微妙而

1　详参黄金麟《历史、身体、国家:近代中国的身体形成(1895—1937)》,北京:新星出版社,2006年,第45—57页。

隐蔽的内在联系。在涉及无夫奸的论战中,杨度与其法理派同道一道,极力排拒礼教派的主张,坚执道德、法律两分之说,将道德归诸教育,而排除于法律之外。这种法律的去道德化立场直接针对的,固然是传统的德刑论,但是同时,也未尝不是包括新民说在内的各种流行新思潮中某种非道德化取向的反映。这种所谓非道德化取向在两个层面上展开。

首先,它所针对的是以礼教为中心的传统道德。严复以"德行仁义"为民德之义,[1]但他实际所想的,似乎并不是传统儒家奉行的伦理道德。"西之教平等,故以公治众而贵自由。自由,故贵信果。东之教立纲,故以孝治天下而首尊亲。尊亲,故薄信果。然其流弊之极,至于怀诈相欺,上下相遁,则忠孝之所存,转不若贵信果者之多也。"[2]他既认为,西人之所以无往而不胜,"推求其故,盖彼以自由为体,以民主为用"[3],则欲新民德,必不能舍自由、民主而他求。正惟如此,他坦承,"新民德之事,尤为三者之最难"[4]。当然,这并不意味着严复是一个反传统主义者。毋宁说,他是一个根据目标来选择手段的理性主义者。在一个物竞天择、弱肉强食的世

---

[1]　参见王栻主编《严复集》(第一册),第18页。

[2]　同上揭,第31页。

[3]　同上揭,第11页。

[4]　同上揭,第30页。

界里,争以自存是最终目标,一切道德和价值都要根据其达成此目标的效用来评判和取舍。[1] 梁启超的立场与之类似。因此,尽管"新民"一词取自《大学》,而且它实际上也并不天然地排斥儒家伦理,但梁启超最后所提出的,还是一套有别于传统"新民"概念的"新的人格理想和社会价值观"[2]。传统道德之不足取,或在其无用,或因其有害。比如在梁启超看来,对于至关重要的权利思想而言,"仁"的道德理想和"仁政"的政治理想就是有害的。[3]

另一方面,在一个达尔文式的世界里谋自存,中国传统道德体系所能提供的手段严重不足。中国社会里"公德"的缺乏就是一例。

严复就以为,中国所"最病者,则通国之民不知公德为底物,爱国为何语"[4]。梁启超作新民说,更是把"公德"问题置于其中心。因为在他看来,中国传统道德的贡献几乎不出

1　参见[美]史华兹《寻求富强:严复与西方》,南京:江苏人民出版社,1989 年,第43—47 页。

2　张灏:《梁启超与中国思想的过渡(1890—1907)》,南京:江苏人民出版社,1993 年,第 107 页。

3　参见同上揭,第 140 页。

4　严复:《〈法意〉按语》,见王栻主编《严复集》(第四册),第 985 页。"公心"可能是严复更常使用的一个词。参见[美]史华兹《寻求富强:严复与西方》,第 64—67 页。

"私德"之外,而中国要自强自立于世界,最急需的还是公德。[1] 公德之所指,"是那些促进群体凝聚力的道德价值观"[2]。而这甚至被梁氏视为道德的本质。据张灏的研究,公德的核心乃是"群"的概念,而对当时的梁启超来说,"群"所代表的,就是民族国家。因此,民族主义和国家主义势必在其新民思想中占据重要地位。同样重要的,是基于力本论理想的竞争、进步思想和进取、冒险精神,以及自由思想、权利观念、功利主义和经济增长的理念。对于这些构成公德的重要价值,传统道德很少提供有益的资源。尽管在论及比如西方文明的冒险进取精神的时候,梁氏提到孟子的"浩然之气",认为那是中国文化中唯一与之相当的概念,然而正如研究者所指出的那样,在梁氏极力赞许的冒险精神的若干要素当中,完全没有孟子"浩然之气"所禀有的道德属性。相反,他引为例证的西方近代英雄人物如纳尔逊和拿破仑,其冒险精神及胆力,正是孟子所批评的那种缺乏道德品质的粗暴之物。[3] 实际上,梁启超所勾画的新民的人格理想与儒家传统的人格理想大不相同。如果说,后者的特点在于其最终以道

1　参阅张灏《梁启超与中国思想的过渡(1890—1907)》,第 107—110 页。关于梁启超的新民思想,详参该书,第 106—155 页。

2　同上揭,第 107 页。

3　参同上揭,第 131—135 页。

德为取向的话,那么,前者更近于西方的所谓"美德",这些品质不仅是儒家伦理所缺乏的,而且根本上是非道德的。[1]

儒家伦理、传统道德之不足用,固不待言,甚至古典意义上的道德本身,也日益被作为美德的各种品质所取代。在这种情形下,在刑律中维持旧道德的想法,就不只是不合时宜,甚且是有害的了。相反,以个人为本,以自由为纲,以权利、义务为经纬,重新塑造新国民,这才是法律所当为。事实上,诚如我们所见,这也正是清末修律运动的大方向。

可以注意的是,与杨度不同,在家族主义问题上,严复和梁启超并没有表现出同样决绝的批判态度。不过,在大的方向上面,说他们的内在理路基本一致应无大谬。史华兹指出,对西方社会"公心"的赞美,是贯穿于严复所有著作的一个主题。而在这样做时,他总是以之与儒家中国的狭隘自私作比较。在严复看来,中国的个人社会感总是表现在各种有限的特殊关系之中,而没有同(比如)作为整体的社会或国家联系在一起,以至于他们在追求个人的或家庭的利益时,必

1　参同上揭,第153—154页。严复述及西方文明在进化中的成功时,看到的几乎是同样的东西,"关键项是活力、精力、斗争、坚持自己的权利,以及……发挥所有的人类潜力"。[美]史华兹:《寻求富强:严复与西方》,第50页。实际上,对力的崇拜,导致对儒家伦理的摈弃,以及对历史上的法、墨诸子的重新评价,这在当时也都蔚为风尚。

定导致损害国家的结果。[1]"是故居今之日，欲进吾民之德，于以同力合志，联一气而御外仇，则非有道焉使各私中国不可也。"[2]显然，梁启超也有同样的观察和看法。他指出："政权外观似统一，而国中实分无量数之小团体，或以地分，或以血统分，或以职业分"[3]，在这种情形下，中国是否为一国家亦可怀疑。在参访美国旧金山的华人社区时，梁启超也注意到，即使在远离本土的华人社会，家族主义观念依然强大，这种观念，连同一样顽固的"村落思想"，造成自私、对公共事业的冷漠，以及缺乏高尚目标和自治能力。中国之所以没有发展出公民社会，与此有很大关系。[4]此类看法的出现并不奇怪，因为无论严复、梁启超，还是杨度，他们视为自强的关键，乃是忠实于国家的国民与独立富强的国家。家族、家族主义或者家族制度，若有益于造就新国民、建设新国家，就值得保存和维护，否则就应予削弱甚至破除。因此，问题的核心仍在于，当时这些知识界、思想界的领袖们，如何构想个人、国家及其关系，以及这种构想如何影响和塑造了社会现实。

1　[美]史华兹：《寻求富强：严复与西方》，第 65 页。这让我们想到杨度关于贪官污吏尽是孝子之类的说法。

2　严复：《原强》（修订稿），载王栻主编《严复集》（第一册），第 31 页。严复在这两处都提到开议院等举措，似乎表明了他在此问题上的制度主义取向。

3　转引自张灏《梁启超与中国思想的过渡（1890—1907）》，第 110 页。

4　参同上揭，第 171—172 页。

　　严复、梁启超、杨度等人均甚注重个人的自由、自立、自治,并因此而强调个人德性的培养、能力的建设。然而这并不意味着他们主张个人主义。相反,用集体主义、国家主义以及(有时是)民族主义来概括其基本立场肯定更合适。

　　严复仔细探究西方文明得以在进化中居于领先地位的奥秘,他的结论是:"使西方社会有机体最终达到富强的能力是蕴藏于个人中的能力,这些能力可以说是通过驾驭文明的利己来加强的,自由、平等、民主创造了使文明的利己得以实现的环境,在这样的环境中,人的体、智、德的潜在能力将得到充分的展现。"[1]显然,这个看法的重点,最终不是落在作为"己"的个人上面,而是落在作为"群"的社会和国家上面。换言之,尽管严复(和其他许多人)使用了大量西方近代自由主义的语汇,如个人、自由、平等、权利等,他所关注的重点,却不是如何通过国家(或者,限制国家)保障个人自由,而是如何通过改造个人达至国家富强。

　　梁启超和杨度所抱持的,也是这种工具主义的个人观。他们之所以重视个人的独立、自主能力和诸如责任心这样的公德,也是因为这些能力和德性为国民所必备,而国民又为国家富强所必需。梁启超云:"国者积民而成,舍民之外,则

1　[美]史华兹:《寻求富强:严复与西方》,第55页。

无有国。以一国之民,治一国之事,定一国之法,谋一国之利,捍一国之患,其民不可得而侮,其国不可得而亡,是之谓国民。"[1]在论述国家主义与家族主义区别的时候,杨度为国民与国家这种休戚与共的关系提供了一种更具工具主义的解释:"今欲转弱为强,则必自使官吏能尽心国事始;欲官吏尽心国事,则必自去其家人之累始;欲去其家人之累,则必自使有独立之生计能力始;欲使有独立之生计能力,则必自与之以营业、居住、言论各种自由权利,及迫之以纳税、当兵之义务始。欲与之此种权利,迫之以此种义务,则必自使之出于家人登于国民始。"[2]这里,法律为完成国民与国家之间的这种直接联系,提供了一种不可缺少的制度支持。如果说,公心与公德的植入和培养,能让个人在情感、情操和认同等方面超越诸如家族这类介乎个人和国家之间的小团体,那么,法律以正规和强制的方式介入,解除族权、父权和夫权对个人的支配,则为实现这种超越奠定了制度基础。

"五四"青年相信,礼教的本质是吃人,传统旧家庭是个

1　转引自张灏《梁启超与中国思想的过渡(1890—1907)》,第 116—117 页。关于梁启超的集体主义的新民观、权利观、道德观,该书有详细的叙述,主要参见第六章和第八章。也有研究者把这种以国家为出发点的个人权利观称之为"国家权利观的个体化",并认为这是"20 世纪初[中国人]接受权利观念的主流"。金观涛、刘青峰:《观念史研究:中国现代重要政治术语的形成》,第 137 页。

2　杨度:《论国家主义与家族主义之区别》,载刘晴波主编《杨度集》,第 532 页。

人自由的羁绊。据此,则严复、梁启超、杨度诸人所创发的新民思想即是启蒙,军国民运动及修律运动等均可被视为个人解放的事业。但是按照上文所揭示的逻辑,这种论说是否揭示出了真实的历史值得怀疑。的确,在传统社会,家庭制度及礼教对个人的影响是支配性的,而使个人摆脱这种影响,似乎有理由被视为个人解放,事实上,这一过程也常常是在诸如个性解放之类口号下进行和被正当化的。然而,这种被归于个人的解放一旦被放入更为复杂、真实和完整的历史图景中观察,其含义就会变得暧昧不清。正如围绕收回领事裁判权展开的为承认而进行的斗争,其主体是国家而非个人一样,在当年的历史变革中,展开角力的双方与其说是家庭和个人,不如说是家族/礼教与国家/法律。杨度"必使国民直接于国家"一语,揭示了这场变革的真谛:这是一场以争夺个人所属为目标而展开的战斗,而将"个人"从家族和礼教的支配下"解放"出来,不过是国家为达致富强所采取的必要步骤。换言之,这一个人挣脱传统父权、夫权和族权以及礼教这些旧时束缚的解放事业,不过是一个新的国家事业的开端。而这一事业,正如研究者所指出的那样,并非一种对身体的解放或自由化,"因为不论是就梁启超的议论内涵,或是就刑律与民律的修订方向来说,我们所看到的都不是一个将身体归属于个人的倡议,而是一个将身体推向于国家管控,由国家来经营和管理的努力"[1]。

民族国家的兴起,是席卷全球的现代化进程的一个重要方面。不过,不同社会与国家涉入这一进程的时间点不同,方式不同,带入的文化传统和思想资源不同,它们所面对的问题也不尽相同。在最先实现这一转型的欧美诸国,近代政治哲学的奠基者们曾围绕国家的性质、特征、权力来源和正当性,以及国家与社会、国家与个人的关系等问题,展开持久而深入的思考、论证和辩论。近代政治哲学由此而兴,并随着近代国家一起成长,发展出各种不同的论述传统。比如在国家理论方面,就有绝对主义国家理论、宪政主义国家理论、伦理的国家理论、阶级国家理论、多元主义国家理论,等等。[2]与这些论述的丰富性和复杂性相比,清末的国家理论显得相当简单,其重点也大为不同。尽管这些理论无不是源自西方社会,但在被引入中国的过程中,因为对救亡和保国的压倒

1　黄金麟:《历史、身体、国家:近代中国的身体形成(1895—1937)》,第65页。关于清末修律对于个人身体的影响,详见该书第三章。

2　参见 Andrew Vincent, *Theories of the State*, Oxford: Blackwell Publishers, 1994。

性关注,它们被选择性地引用和创造性地"误读",[1] 从而形成一种支配性的单面向国家主义论述。这种论述的核心,乃是国家富强,以及建立在此基础之上的独立国家主权,个人价值如自由、民主、权利,政制安排如宪政、法治、代议制,社会思潮如民族主义、社会主义等,很大程度上都根据其是否有利于达成这一目标,被在一种工具主义的意义上来理解和证成。

传统的家族制度和礼教,正是因为被认为有碍于社会进步、国家富强,而成为清末以降从思想启蒙到社会运动、制度变革乃至政治革命意欲革除的对象。历史趋势如此,家族主义对国家主义的抵抗,即使是在清末,也无法维持一个势均力敌的局面。面对法理派釜底抽薪的攻势,礼教派只是申言家族制度无碍于国家富强,甚至有助于实现国家主义的目标。其所争者,仅仅是家族制度及礼教在国家主义之下能否以及如何维续,而非国家主义的正当性和妥当性。基于同样

1　类此事例甚多,如史华兹在讲到严复对达尔文进化论的理解的时候指出:"在严复的眼中,达尔文的理论不止是描述了现实,而且规定了价值观念和行动准则。……严复在对达尔文主义的主要原理的初步解说中,用语就已经是社会达尔文主义的了。"[美]史华兹:《寻求富强:严复与西方》,第41页。就国家理论而言,当时较有影响的德国政治学家伯伦知理的国家主义学说,经由梁启超译介推广而广为流行。梁氏的译介,参阅梁启超《政治学大家伯伦知理之学说》,载范忠信选编《梁启超法学文选》,北京:中国政法大学出版社,2000年。更深入的研究,参见张灏《梁启超与中国思想的过渡(1890—1907)》第八章。

的原因,具有自足性的个人权利保障议题,在当日的论争中实际上付诸阙如。论战双方对构想中/成长中的现代国家均缺少警惕。法理派的国家主义论说甚为简单,其一味推重国家的立场固不待言。至于礼教派,其立场源于儒家传统,自然注重政治秩序,维护政治权威。惟儒学一向反对法家强调刑政、偏重国家介入的做法,其立场兼重社会之维,因而实际上含有平衡国家与社会之意。只是,随着礼教乃至儒学被迅速边缘化甚至妖魔化,来自传统的声音很快就被各种激进思潮的合奏齐鸣声所淹没。

清末礼法之争中国家主义论说的绝对化,也反映在法理派关于国家主义同家族主义不能两立、非此即彼的主张上。尽管身为政府特派员的杨度并不赞同那种骤然攻破家族的家庭革命之说,而主张通过法权途径,自上而下地赋权于个人,最终破除家族和礼教加于个人的束缚,但他关于两种主义截然对立、不容妥协的严格立场仍具革命色彩:"今馆中宜先讨论宗旨,若以为家族主义不可废,国家主义不可行,则宁废新律而用旧律,且不惟新律当废,宪政中所应废者甚多也。若以为应采国家主义,则家族主义决无并行之道。而今之新刑律实以国家主义为其精神,即宪政之精神也,必宜从原稿所订而不得以反对宪政之精神加入之。故今所先决采用国家主义乎,用家族主义乎? 一言可以定之,无须多辩也。"[1]
这意味着,传统与现代之间,存在一种绝对界分,传统的政治
思想、制度资源,不可为现代所用,须彻底弃置,而代之以全
新的现代思想和制度。比较之下,礼教派的立场更具妥协
性。如前所述,他们并不反对国家主义,只是同时希望保持
固有的家族主义,并通过将家族主义扩而大之,修而明之,实
现现代的国家主义。这种沟通新旧、兼收并用的态度表明,
他们不认为新学与旧学、传统与现代之间有如冰炭,水火不
能相容。这种立场在今日看来,或者能够获得更多理解和认
可吧。

"法律何自生乎?":
自然主义与理性主义之争

清末礼法之争的特异性,在于礼与法的异质性:前者为

---

[1] 杨度:《论国家主义与家族主义之区别》,载刘晴波主编《杨度集》,第533页。时
任大学堂总监督的刘廷琛有同样极端的说法:"臣今请定国是者,不论新律可行
不可行,先论礼教可废不可废,礼教可废则新律可行,礼教不可废则新律必不可
尽行,兴废之理一言可决。"《大学堂总监督刘廷琛奏新刑律不合礼教条文请严
饬删尽折》,载故宫博物院明清档案部编《清末筹备立宪档案史料》(下册),第
888页。

固有的、传统的,后者则是外来的、现代的。这种异质性在空间的方面,表现为文化类型上的差异(中与西),在时间的方面,则有社会变迁上的分别(古与今)。这两方面的紧张和冲突,互相交织,贯穿于法理派与礼教派的论辩中。

光绪三十三年,新刑律草案分则告成进奏,沈家本于奏折中云:"顾或有以国民与审判之程度未足者,窃以为颛蒙之品汇不齐,而作育大权实操自上,化从之效,如草偃风,陶铸之功,犹泉受范,奚得执一时之风习而制限将来之涂辙。"[1]以当日情形而论,国民程度不足,审判制度不备,这些当为事实。沈家本翌年奏请编定《现行刑律》,以为实行新刑律之前的过渡。他在奏折中坦承,上年进呈之新刑律,"专以折冲樽俎、模范列强为宗旨。惟是刑罚与教育互为盈朒,如教育未能普及,骤行轻典,似难收弼教之功。且审判之人才,警察之规程,监狱之制度,在在与刑法相维系,虽经渐次培养设立,究未悉臻完善。论嬗递之理,新律固为后日所必行,而实施之期殊非急迫可以从事"[2]。问题是,怎样算是"急迫"?必行新律的"后日"定在何时才算恰当?倘新律实施之际,仍与

1　《修订法律大臣沈家本等奏进呈刑律分则草案折》,载黄源盛纂辑《晚清民国刑法史料辑注》(下),第1427页。
2　《修订法律大臣沈家本等奏请编定现行刑律以利推行新律基础折》,载故宫博物院明清档案部编《清末筹备立宪档案史料》(下册),第852页。

民情风俗不能相合,应当如何调和? 在当下与未来、现状与变革之间,如何确定改革的次序和时间表? 什么样的程序与方法可称妥当? 在这些问题上,法理派同礼教派显然难以达成共识。

礼教派方面,湖南巡抚就新刑律草案所作的签注颇具代表性,其原奏云:"法者,与民共信之物。将欲改全国之制,立万年之基,则必斟酌国民之程度,审察现时之大势,以为因笔损益。即在各国改制之初,亦必历无数阶级始得有今日文明之制,而推其进步之不已,则后之视之或又有更胜之处。此固非少数人之心思学力规划一时便能永垂久远者也。"[1]这可以被视为一种经验式的渐进改革立场,它强调社会演进的阶段性,注重改革条件,对自上而下人为规划的有效性抱有怀疑。相比之下,东三省总督在其原奏中强调的是另一个方面:"见在之风俗民情与草案微有不合。但立法宜垂久远,岂能狃目前之习以薄待将来? 故以新律著为常经,以专章暂资遵守。施行以渐,既无躐等之嫌,公理所存,安用一偏之议?"[2]在这个"立法"对"风俗民情"、"将来"对"目前之习"、"公理"对"一偏之议"的公式里,前者较后者的优越性不容

1　转引自高汉成《签注视野下的大清刑律草案研究》,第94—95页。

2　转引自上揭,第78页。又云:"若或调停迁就,繁简互异,新旧杂糅,非但有乖政体,一经宣布,恐非立宪之良规,亦为外人所腾笑。"同前揭。

置疑。修律变法，就是前者战胜和支配后者的过程。这正是法理派的立场。

宣统二年十月初四日，法理派最重要的支持者庆亲王奕劻领衔上奏，请求将新刑律立即交资政院审议，以便施行。对于当时莫衷一是的中西古今之争，这篇奏章有如下总结性的论断：

> 窃维议律之与议礼，皆为历代朝野聚讼大端，而当创改之初，新旧异同尤难期议论之一致。惟法律所以维持政治，轨范人民，其文野进退之机，皆视乎此。……今各国刑律皆除其旧日惨酷之习，以进于大同，则刑律之是非，但当论收效之治乱为何如，不必以中外而区畛域。……总之，时无古今，地无中外，惟以合乎公理、见乎治乱者为定衡。[1]

因为站在总揽全局的位置上，这番言论不但讲公理，亦言是非，论治乱。然而，这种貌似全面的讲法并不能释除疑惑、终止论争。因为所谓公理为普遍之理，而治乱所重在其实效。一为原则指向的，一为结果导向的，二者虽不无联系，

1　《宪政编查馆大臣和硕庆亲王奕劻等奏为核订新刑律告竣折》，载黄源盛纂辑《晚清民国刑法史料辑注》（下），第1464—1465页。可以注意的是，这段关于法律功能的界说，基本上没有了传统的道德色彩。

但性质不同，取向亦异。因此，依公理定是非，与视乎治乱以定是非，是为二事。比如依法理派之见，法律与道德两分是公理，无夫奸不入律亦然。但在礼教派看来，姑且不论此理是否适用于当时的中国社会，其有益于治否肯定是一个问题。在论及无夫奸问题时，陈宝琛就说："盖社会之情形，率原于历史之沿袭，不藉其历史以为引导，遽以新理想行之，必与其社会不相副，与社会不相副之法律，无益有害。故无夫奸之规定，在中国有之，无赫赫之功；无之，则滋烈烈之害者，从来之国情民俗使之然也。"[1]

可以注意的是，礼教派虽然注重理论和立法的社会实效，其论说重点也因此落在具体的历史、社会与文化上面，但并非全不言理，惟其所言之理，与法理派倡言的公理旨趣不同。法理派喜言之公理，乃是超拔于当下具体历史情境的普遍之理，而礼教派所说的理，则出于或者导向事实。陈宝琛就说："法律之范围，固不能与礼教同论，而法律之适用，不能不以事实为衡。斟酌夫国情民俗而因革损益于其间，有时舍理论而就事实，亦立法之公例也。"[2] 他又说："夫法律不能与惯习相反者，立法上之原则也，此所以欧洲不能行而独能行

1　陈宝琛：《陈阁学新刑律无夫奸罪说》，《桐乡劳先生（乃宣）遗稿》（二），第954 页。

2　同上揭，第 953 页。

于吾国也。……中国之刑法，在世界上本为独立一种法系，其所长即在注重伦常礼教，与他国法律异趣。改良刑律止可择吾国旧法之不合理者去之而已，不当一一求合于外国法律，而没吾国固有之文明。法之不合于理者，虽数千年相沿之旧律，……改之可也；法之合乎理者，虽外国无可援之例，不妨自吾国创之。"[1] 表面上看，这种讲法像奕劻的一样，强调的也是普遍之"理"或"理"的普遍性。但细察其理路就会发现，这只是一种形式上的普遍性。在内容的层面，合"理"与否，需要引入事实和习惯等因素来确定。换言之，礼教派所说的"公例"或"原则"，类似于多元文化主义的理论主张，既是普遍适用的，又是特殊主义的，其普遍性主张与特殊性结论相互关联和支持。[2]

如前所述，礼教派并不反对变法修律，甚至也同意法律与道德有别、国民主义论，更不用说收回领事裁判权的主张了。但是，相比于法理派，这一派确实更多考虑习俗、传统、民情，以及教育程度、制度设施、社会条件等当下因素，这使

1　陈宝琛：《陈阁学读劳提学及沈大臣论刑律草案平议》，《桐乡劳先生（乃宣）遗稿》（二），第 945—946 页。陈宝琛举出的旧律不合理之例为"诬告子孙、外孙、工人及擅杀子孙或不论罪或从轻减"，而法之合乎礼之例则为"无夫奸之类"。

2　林端认为，中国儒家伦理并非单纯的特殊主义，而是以特殊主义为基础的普遍主义。参见林端《儒家伦理与法律文化》，北京：中国政法大学出版社，2002 年，第 88—127 页。如果是这样，则礼教派的立场就可以获得一种基于文化的理解。

得礼教派的改革论述看上去更"保守",更讲求现实,也更形复杂。在礼教派人士看来,社会的秩序,历数千年而逐渐形成,其复杂性超出人们的想象,非"少数人之心思学力规划一时"的能力所能把握。罔顾风俗民情,遽行新法,可能产生的人所不欲的连锁效应,"有非首议之人所能预料者"[1]。说到底,法律为一种社会的制度,其发生与发展自有其逻辑,非人力可以任意改变和支配。在为《新刑律修正案汇录》所作的序中,礼教派中坚劳乃宣写道:

> 法律何自生乎? 生于政体。政体何自生乎? 生于礼教。礼教何自生乎? 生于风俗。风俗何自生乎? 生于生计。宇内人民生计,其大类有三:曰农桑,曰猎牧,曰工商。……风俗者,法律之母也,立法而不因其俗,其凿枘也必矣。中国,农桑之国也,故政治从家法;朔方,猎牧之国也,故政治从兵法;欧美,工商之国也,故政治从商法。[2]

他又以中国汉唐以来历史为例说明,"法律之不能与风

1　陈宝琛:《陈阁学新刑律无夫奸罪说》,《桐乡劳先生(乃宣)遗稿》(二),第953—954页。

2　劳乃宣:《新刑律修正案汇录序》,《桐乡劳先生(乃宣)遗稿》(二),第867—868页。

俗相违,非数千年来实地试验,确有成绩,不容以空言理想凭空臆断者哉"[1]。这段话再次让人想到创立了历史法学派的萨维尼,甚而想到社会理论上的一个人物谱系:伯克、孟德斯鸠和18世纪的苏格兰启蒙学者。[2] 劳氏固然没有提到这些思想家,实际上对他们恐怕也所知不深,而且,他当时没有,也不可能提出一套可以称之为社会理论的系统论说,但他对法律深嵌于历史、文化、社会之中的确信,他关于社会秩序逐渐演化的想法,确实可以在这一系思想家的理论中得到系统而深入的说明。这也再一次表明,清末礼法之争具有深刻的现代性背景。在嗣后的论战中,这一点表现得更加清楚。

对于劳乃宣的观点,曾留学东京法政大学研习法律的孟森,予以针锋相对的批驳。他指出,依劳氏所论,则猎牧终不可进于农桑,农桑终不可进于工商。是无异谓野蛮终不可进于文明,贫弱终不可进于富强。他又说,破除家族,并非破家。进化的途径,乃在由开放家族主义之法律,生趋重国民

1　同上揭,第 869 页。

2　参见[英]哈耶克《经济、科学与政治——哈耶克论文演讲集》,冯克利译,南京:江苏人民出版社,2003 年,第 530 页及同页注 1。孟德斯鸠对明智的立法者抱有乐观主义的态度,认为他们可以改变世界,但是与此同时,他的学说有具有浓厚的"自然主义的和静态社会学的决定论"色彩,这令严复对他的学说抱有一种矛盾的态度。参见[美]史华兹《寻求富强:严复与西方》,第 150 页。有关苏格兰启蒙运动的介绍,参见[英]亚历山大·布罗迪编《苏格兰启蒙运动》,贾宁译,杭州:浙江大学出版社,2010 年。

主义之政体；由国民主义之政体，生独立自由之礼教；由独立自由之礼教，生勇往进取之风俗；由勇往进取之风俗，生分歧发达之生计。终致人人自立，国家富强。相反，以旧礼教之名，桎梏人之手足，禁锢人之耳目，戕贼人之心思，国家无有不危之理。[1] 这种说法，与此前沈家本"作育大权实操自上，化从之效，如草偃风，陶铸之功，犹泉受范"之说，有异曲同工之妙，而更具现代理性主义色彩。它让我们看到两种截然不同的法律观、秩序观、进化观。

礼教派的法律源自风俗习惯，法理派的法律则出于公理；风俗习惯演化于无形，而非出自人类心思智虑，公理却属于理性范畴，而超乎历史；源自风俗习惯的法律因此是发现的，而非创生的，相反，出于公理的法律可以理性方法推导得出，也可以人工智巧编造推行；发现于风俗习惯中的法律体现了过去的智慧，出于公理的法律则是当下立法者意志的显现；体现过去智慧的法律受传统约束，其改变较为缓慢，表明立法者意志的法律则不受此类约束，故能借立法即时创立、废止；相应地，法律发展的途径，在前者主要为自下而上的，在后者则是自上而下；自下而上形成的法律与秩序，更多自生成分，而自上而下的过程，更多人为成分；这也意味着，它

1 　孟森：《新刑律修正案汇录书后》，转见李贵连《沈家本传》，第340页。

们对立法者要求不同：在风俗习惯中发现法律，并非不需要理性和技艺，但这种理性和技艺是谦卑的和审慎的，因为它们要尊重历史和传统；从公理中推导出法律则不同，它要求立法者不但有正确无误的推理能力，而且有明察秋毫的洞察力和高瞻远瞩的预知能力，这是一种超乎历史和传统的理性，因此，立法者一旦具备这样的理性，就可以改写历史。正如18世纪伟大的启蒙思想家伏尔泰所言："欲求良律，焚旧而立新可矣。"[1] 哈耶克认为，这句话道出了开近代理性主义端绪的笛卡尔精神的真髓。[2] 借用哈耶克的语汇，我们也可以说，孟森的观点道出了清末法理派"建构论理性主义"或"理性建构主义"的思想倾向。

晚清十年，政治革命思想之外，社会革命的论说也充斥报章。在一些激进思想派别那里，不但纲常名教是革命的对象，所有旧的社会制度，家庭、政府、宗教、道德，均在革除之列。[3] 具有无可置疑的正当性而足以冲决一切的，就是挟进

1　转引自[英]哈耶克《经济、科学与政治——哈耶克论文演讲集》，第609页。

2　参见同上揭。哈耶克认为，笛卡儿开创了一种近代的新理性主义，即他所谓建构主义、理性建构主义。对这种理性主义的梳理和批判，详参[英]哈耶克《理性主义的类型》《建构主义的错误》二文，同前揭。

3　张枬、王忍之编《辛亥革命前十年间时论选集》中收录有此类文字，尤其是卷二和卷三所收《天义报》《新世纪》《克复学报》中的多数篇什可供参考。

化论而来的人类的、世界的、普遍的公理。[1] 这是全面反传统运动的前夜,也是中国的"理性时代"的开端。在这样的时代思想氛围之中,法理派的法律与社会变革论述表现出建构论理性主义的倾向,可以说是十分自然的事情。况且,法理派所倚重的所谓"法理",完全出自法律实证主义,而这一个法学派别,本身就是建构论理性主义的一种表现形式。[2] 意味深长的是,无论在中国,还是在当时对中国思想界、法律界影响深刻的日本,这种近代理性主义及其在法学上的表达,都不是其固有传统,或至少不是其传统中具有支配性的因素。而它们之所以对寻求富强的中、日知识分子具有莫大的吸引力,乃是因为它们被认为是西方文明强盛的原因。[3]

与法理派不同,礼教派关于法律性质和起源的看法,其表达是现代的,其根源却是传统的。这种传统虽然主张礼乐自圣人出,而且相信圣人具有化育人民的能力和责任,但并不认为礼乐,包括法律,是圣人意志的体现。相反,这些人类

1　在晚清流行话语中,"公理"和"进化"经常是一事之两面,且具有同样神圣性质。章太炎作《四惑论》,其开篇即云:"昔人以为神圣不可干者,曰名分。今人以为神圣不可干者,一曰公理,二曰进化,三曰惟物,四曰自然。"张枬、王忍之编:《辛亥革命前十年间时论选集》(第三卷),第 64 页。

2　参见[英]哈耶克《经济、科学与政治——哈耶克论文演讲集》,第 527—532、619—620 页。更详细的论述,参见[英]哈耶克《法律、立法与自由》(第一卷),邓正来、张守东、李静冰译,北京:中国大百科全书出版社,2000 年。

3　参见[英]哈耶克《经济、科学与政治——哈耶克论文演讲集》,第 604—605 页。

的制度皆渊源于天,是天理的体现和表达。圣人则天象物,为当世及后世立法,当然也是发现而非创立法律。在此意义上,礼乐及法律均为自然的,而非人为的。[1] 这是源于古典儒家的法律观、秩序观,也是中国历史上具有支配地位的思想传统。晚清礼教派显然继承了这一传统,同时也改造了这一传统,尽量使之适合于一个民主和宪政时代的新秩序。这也是为什么,礼教派关于礼与法、法律与道德、法律与风俗习惯、法律与历史的论述,很容易让人想到西方历史上的自然法传统和后起的历史法学。这些生长于不同文明中的传统,诚如我们所见,彼此之间存在深刻差异,但是相较于那些更具建构色彩的理性主义传统,包括近代的理性主义的自然法,[2]它们之间的共通性和亲和性也是显而易见的。这是一种我们姑且笼统地称之为自然主义的秩序观和法律观。此所谓自然主义,并非不具理性,更不是反理性的。它只是认

1　参见梁启超《中国法理学发达史论》(载范忠信选编《梁启超法学文集》,第81—94页)文中关于儒家法观念的论述。沈家本的"作育化从"之说,若是放在建构论理性主义的背景下,则不能说是对中国传统的正确解读。本文前面论及的礼刑之辩,也是如此。透过这些事例我们注意到,清末法理派重新诠释传统所包含的革新旨趣,其意义要看它们落入近代何种思潮之中来确定。

2　这里指的是17、18世纪的自然法。在哈耶克看来,萨维尼所反对的,就是这种从自然理性中演绎出来的自然法。参见[英]哈耶克《经济、科学与政治——哈耶克论文演讲集》,第530页。实际上,近代的法典编撰运动,就是近代自然法直接和重要的成就。

为人类理性有其限度,不足以为衡量一切的尺度,更不能一夜之间创造出崭新的秩序。[1] 在它看来,社会秩序的形成及演化历时久远,有非人类智虑所能掌控者;法律出于风俗习惯,亦非人类意志可以任意改变。因此,立法者欲行改革,不能一味引据新理念,而必须保守传统,尊重历史,无违于社会民情,循序而渐进。

从进化论角度看,此种自然主义的秩序观也是达尔文式的。不过,在中国当时所处的历史情势中,达尔文的进化论包含了一些不确定的甚至是矛盾的意蕴。史华兹在评述严复法律思想时指出了这一点。他说:

> 19世纪的决定论的社会进化方案与18世纪的对立法者能力的信仰这两者的结合,造成了一种最难对付的混合物。未尝不可把严复和列宁以及世界上更"不发达"地区的知识分子相比,尽管这种比较表面上看起来很荒唐。社会进化不可抗拒地沿着预定的道路从已知的过去向着已知的未来前进这一观点,是极其吸引人和鼓舞人的。而同时,人们正痛苦地感到自己的社会没有令人满意地沿着预示的道路前进。所以,人们必然会希望人类的自觉意志

1　对"理性"概念的区分和批判性分析,正是哈耶克的一个重要主题。参见[英]哈耶克《理性主义的类型》,《经济、科学与政治——哈耶克论文演讲集》。

(可以说就是"立法者")能将自己的社会推进到规定的道路上。在斯宾塞和涂尔干看来,朝向既定目标的运动,是由无处不在的、非人格的社会历史的力量来推进的。在严复(和在列宁)看来,社会历史的阶段其实已变成一条固定的、明确的道路和一系列预先筑好的阶梯,但是,推动人类沿着这条道路前进的动力本源,必须从那些知道这条路并能够带领他们的社会一步步从过去走向未来的人的自觉意志中去寻找。[1]

不管在当时还是后来,严复都是一个进化论的改良主义者,而不是革命论者。相反,列宁始终是革命的典范。二者很难相提并论。然而,在社会进化议题上,严复显然更相信和强调人类自觉意志的作用,这又使他明显区别于其他一些社会进化论者,包括他所服膺的西方思想家如斯宾塞,也包括诸如劳乃宣、陈宝琛这样的礼教派人士。[2] 这种差异固然是认识上的,其根源却也是历史的、社会的。

有社会学家指出,近代中国与西方社会变迁的次序不

1　[美]史华兹:《寻求富强:严复与西方》,第149—150页。

2　1909年,严复出任宪政编查馆二等咨议官,翌年,又以"硕学通儒"身份出任资政院议员。当时也正是修正刑律草案交宪政编查馆复核、资政院议决,因而引发礼教派与法理派之间又一轮大辩论之际。令人不解的是,在这场喧嚣一时的论辩中,似乎没有听到严复的声音。

同。以汽车的应用为例：在西方，发明汽车在先，然后修筑公路，制定相关法律，建立交通行政组织，最后是财政预算。社会规划跟着汽车公路走。中国则相反：先学习汽车原理，成立交通部，筑公路，借钱开厂，然后才有汽车。[1] 总之，"中国社会最近百多年，是先有教育改革、社会改革、政治改革，先有种种运动，最后才出现技术的改变。改革的目标，正在于建立技术基础"[2]。这种上层先行，基础在后，通过上层改变和推动基础的社会变迁，是所谓规划的社会变迁。这种变迁模式的形成，在后进国家的社会转型过程中有客观的原因，却也为展现理性建构主义提供了最佳的历史舞台。尊重传统、注重社会、强调渐进的思想主张，因为不能取得社会改造的速效，自然不易为时人所认可。

晚清变法之际，规划的社会变迁初露端倪，建构论理性主义也开始显示其魅力。二者互为促进，彼此为用，酝酿着一个前所未见的激进思潮。在这个过程中，国人对社会演进的认识被大为简化，凡与建构论理性主义旨趣不相符合的思想传统，即使是源于西方文明，也多被忽略。中国固有传统，尤其是历史上居于支配地位的传统，如儒家思想，越来越被

---

1 参见刘创楚、杨庆堃《中国社会：从不变到巨变》，香港：香港中文大学出版社，2001 年，第 1—2 页。

2 同上揭，第 2 页。

认为无益,甚且有害于现代化事业,而彻底地失去正当性。[1]
这两种因素加在一起,就使得要在其中发掘、接引出现代性
因素,寻求传统与现代、中国文明与西方文明会通的努力,注
定不能够成功。清末礼教派的自然主义论述不为时人所接
受,之后更被迅速遗忘,其原因在此。

"公例发明,推之人类社会而皆准": 特殊主义与普遍主义之争

　　清末礼教派和法理派之间的自然主义与理性主义之争,
换一个角度看,则是特殊主义和普遍主义之争。前者所争,
涉及实质性的论证,后者之争,更像是话语之间的较量。其
优劣胜负,常常就在概念、语词的运用之中。
　　19 世纪末、20 世纪初的中国,普遍主义之最显著也最流
行者,无疑是达尔文主义的社会进化论。1898 年,严复译

1　19 世纪末、20 世纪初,中国思想界不乏重新发现传统的尝试。但是,这些尝试和
　　努力主要被吸引和集中在那些具有"力"的特征的方面。这也间接表明了建构
　　论理性主义的影响。

《天演论》出版。[1] 此书甫一问世，即造成极大轰动。不数年，"物竞天择，优胜劣败，适者生存"这几句话，便深入人心，进而作为人类发展的公式和公理，成为朝野上下推动改革的共识。清末修律过程中，引进化论为变法改制理据者，随处可见。在稍晚为《政法类典》所作的序文中，沈家本面对五洲之间"梯航毕通，交错若织"的"前古未见之变局"，慨叹道："惟是智力日出，方有进无已，天演物竞，强胜乎？弱胜乎？不待明者而决之。然则处今日之变，通列国之邮，规时势，度本末，幡然改计，发愤为雄，将必取人之长，以补吾之短。"[2]

在涉及新刑律的讨论中，进化之说也被用来论证去除峻刑的合理性。山东巡抚袁树勋云："臣闻刑法之沿革，先由报复时代进于峻刑时代，由峻刑时代进于博爱时代。我国数千年来相承之刑律，其为峻刑时代，故无可讳，而外人则且持博爱主义，驯进于科学时代，其不能忍让吾国以峻刑相残也，非惟人事为之，亦天道使然也。"[3] 因此之故，则"峻刑主义之不

1　《天演论》即赫胥黎所著《进化论与伦理学》。严译本对书名的选译显然极具偏向性，这种偏向并非达尔文进化论的本意，甚至与赫胥黎在其原著中所表达的理念正相反对。毋宁说，它只是反映了严复以及他那一代生于忧患的中国知识分子的历史观和变革观。详参[美]史华兹《寻求富强：严复与西方》第四章。

2　沈家本：《政法类典序》，《寄簃文存》卷六，《历代刑法考》（四），第2241页。

3　《山东巡抚袁树勋奏刑律实行宜分期筹备折》，载故宫博物院明清档案部编《清末筹备立宪档案史料》（下册），第865页。

得不转入博爱,理有固然,亦势有必至也。"[1] 而在杨度的国家主义论说中,由所谓蛮夷社会进至宗法社会,再进至国家社会的人类进化路线,更被视为确定无疑、普遍有效的"公例"。他说:"自达尔文、黑胥黎等以生物学为根据,创为优胜劣败、适者生存之说,其影响延及于世间一切之社会,一切之事业。举人世间所有事,无能逃出其公例之外者。"[2]。又说:"人类自初民以至于成立国家,其间经天演而存在,所为逐渐发达,皆有一定之次第,不独中国为然,即世界各文明国之所经过,亦与吾中国有同一之性质,同一之形式。此进化一定之理而无可逃者也。故欲论社会国家,不可不先得其公例,即公例以按而求之,斯不劳而定矣。"[3] 至于中国延续了数千年的家族制度,在他看来,"其在本国固以统于一尊而不为物竞;然一与外人遇,仍当循天然之公例,以自然之淘汰而归于劣败"[4]。这样的断言,揭明了改造刑律、以国家主义取代家族主义不可移易的理据。

　　公例的普遍性表现在历史上,有事实的方面,也有事理的方面。在事实的方面,依当时流行的说法,似乎世界各国

1　同上揭,第 866 页。

2　杨度:《金铁主义说》,载刘晴波主编《杨度集》,第 220 页。

3　同上揭,第 247 页。他还认为,此公例之发明者,甄克斯所著《社会通铨》论之甚详。

4　同上揭,第 257 页。

已经一体进化至于文明阶段，只有中国落于人后。宣统元年，法部尚书廷杰和修律大臣沈家本将《修正刑律草案》联署上奏，其中论及刑法改重为轻一节有云："即从前各国刑法咸从武健严酷而来，殆后改从轻刑，专事教育，颛蒙知识日臻进步。中国人同此禀赋，不应独异。"[1] 这一层意思，沈氏后来讲得更清楚："方今环球各国，刑法日趋于轻，废除死刑者已若干国，其死刑未除之国，科目亦无多。……今刑之重者，独中国耳。以一中国而与环球之国抗，其优绌之数，不待智者而知之矣。"[2] 类此讲法表明，传统的华夏中心主义的天下观当时已然崩解，在士大夫的思想世界中，中国不再是世界的中心、道德的模范，而不过是万国中的一国。[3] 不只如此，身为世界一分子的中国贫弱落后，在文明与道德的进化方面居于"各国"之后。中国欲求与"各国"平等，则必须融入这一

1　《法部尚书臣廷杰等奏为修正刑律草案告成折》，载黄源盛纂辑《晚清民国刑法史料辑注》（下），第 1431 页。

2　沈家本：《重刻明律序》，《寄簃文存》卷六，《历代刑法考》（四），第 2210 页。

3　关于 19 世纪末、20 世纪初中国人国家观从"天下"到"万国"到"世界"的改变，详参金观涛、刘青峰《观念史研究：中国现代重要政治术语的形成》第六章。

被称作"大同"的世界秩序之中。[1] 事实上,以极具儒家理想色彩的"大同"一词来指称西方文明主导的世界秩序,透露出的正是一种对西方文明的拜服和学习心态。[2]

"公例"之事理的方面,则表现为"公理"及"共同原理"等。[3] 东三省总督就新刑律草案提交的奏疏云:"详译总则草案之宗旨,大抵以生命为重,以平均为义,以宥过为本旨,故过失皆得减刑,以人格为最尊,故良贱无所区别。约举数

1　"大同"之谓,屡见于当朝者的奏折和议论中。如沈家本谓:"方今各国政治日跻于大同,……此鉴于国际不能不改者也。"《修订法律大臣沈家本奏刑律草案告成分期缮单呈览并陈修订大旨折》,载故宫博物院明清档案部编《清末筹备立宪档案史料》(下册),第 846 页。又谓"如为筹备宪政,模范列强,实非博采东西大同之良法,难收其效"。《大清现行刑律·奏疏》,转引自李贵连《沈家本年谱长编》,第 250 页。又如,东三省总督原奏有云:"世界大同,文明竞化,均以法律之大同觇权利之得失。"转引自高汉成《签注视野下的大清刑律草案研究》,第 78 页。法律改革总主持庆亲王奕劻亦有"今各国刑律皆除其旧日惨酷之习,以进于大同"等语。《宪政编查馆大臣和硕庆亲王奕劻等奏为核订新刑律告竣折》,载黄源盛纂辑《晚清民国刑法史料辑注》(下),第 1464 页。

2　当时士大夫中真诚地认为西方社会业已实现了儒家大同理想的不乏其人。参见秦晖《晚清儒者的"引西救儒"》,《南方周末》2010 年 6 月 17 日,第 22—23 版。有学者认为,在中国近代学习西方的过程中,"从甲午后到新文化运动前的二十年(1895—1915),这是中国人以最开放的心态接受西方现代观念的一个时期"。金观涛、刘青峰:《观念史研究:中国现代重要政治术语的形成》,第 8 页。需要指出的是,当时"大同"一词的运用并非仅限于儒家语境。事实上,公理流行处便是大同世界,因此,革命者和无政府主义者也热衷于鼓吹大同。参同前揭,第 57 页。

3　金观涛、刘青峰认为,"公例"和"公理"均表达普遍之理和公共领域之理,二者的微妙差别在于,"公例"有从案例中归纳出普遍之理的意思。详参金观涛、刘青峰《观念史研究:中国现代重要政治术语的形成》,第 48—53 页。

端,皆于立宪政体适相吻合……此立宪之先声,寰球之公理也。"[1] 这是把体现于法律中的若干西方社会基本价值视为"公理"。在关于"子孙违反教令"应否规定入律的论辩中,时任修订法律馆要职的董康指出,违反教令之事项应属民律,不应置诸刑律,此各国大同之原则。立宪各国法律无不分析刑事、民事,民事之条款,断不宜牵入刑事之内。[2] 这是以民事与刑事之分为法律上不证自明的原则,视其应用为当然之理。实际上,正如近世西方社会的发展被认为体现了进化公理一样,近代西方的法律也被认为是出于具有普遍性的法理。相反,中国的旧律,就像中国社会之未合公理一样,悖于法理。中国法律乃至社会所有的问题,都出在这里。宣统二年十一月,新刑律草案初次交资政院审议,杨度以政府特派员身份到场说明新刑律主旨,他直言不讳地指出了这一点:

> 世界各国的法学自 17 世纪以来日益进步,世界文明各国的法典都有法学共同的原理原则,无论何国的法律都不能出乎此原理原则之外。……我国数十年来教案层见

1　转引自高汉成《签注视野下的大清刑律草案研究》,第 77 页。

2　董康:《董科员青岛赫教习说帖驳议》,转见李贵连《沈家本传》,第 328 页。

叠出,此理由全在自己法律与世界共同法律原理原则不相

符合,以致如此。……所以此次编订之新刑律采取各国共

同法律之原理原则。[1]

　　杨度这段话里提到的"进步"一词,也是法理派经常用来

为其主张正名的概念。如冈田朝太郎在有关无夫奸的论争

中就说:自刑律发达之程度观之,凡法典之进步者,概无和奸

罪规定。资政院若因此无益之问题,致贻笑柄于环球法学界

中,是岂仅资政院之耻耶?[2] 宪政编查馆法律编制局局长吴

廷燮亦谓:用旧说议新律,不止背商约、碍宪政,且阻进步而

危大局也。并仿曾文正之语云:愿得罪空谈名教之人,不敢

阻国家之进步,成大局之孤立。[3]

　　进步的观念,与文明、进化等观念一样,均为西方近代启

蒙思潮的产物,而支持这些观念,使之流行不辍的,是对人类

理性尤其是工具理性的信仰。这种理性的典范,即是科学。

事实上,近代以来人类知识形态的转变,尤其是人类对自然、

1　《资政院第一次常年会第二十三号议场速记录》,载黄源盛纂辑《晚清民国刑法
　　史料辑注》(下),第 1476 页。

2　[日]冈田朝太郎:《冈田博士论刑律不宜增入和奸罪之罚则》,转见李贵连《沈家
　　本传》,第 325—327 页。

3　吴廷燮:《吴参议用旧说议律辩》,转见李贵连《沈家本传》,第 344 页。

历史和自我之认识的转变，都是科学兴起的直接和间接的后果。在这个时代，科学不仅是支配性的知识范式，而且取代神学，成为几乎所有人类活动的正当性理据。因此，毫不奇怪，清末流行的各种思潮和理论，不拘社会的还是政治的，进化的还是革命的，其后均可见科学的身影。同样，近世法律所由出的法理，新刑律奉为指引的法的原理原则，也无不是科学的。法理派崔云松的一段话把这一点说得最为透彻：

[旧律]皆以伦理道德为标准，以定问刑定罪之观念。新律仿自世界各文明国之法律，所据之原理原则，多源于近世科学应用之法理，而非出于各国遗传之事物。公例发明，推之人类社会而皆准。故为世界立法家所采用，吾国新刑律不过其中之一而已。[1]

与法理派动辄讲世界各国、环球公理、科学进步不同，礼教派的词汇库里出现最多的是民俗、国情、习惯、历史等等。诚然，礼教派并非不言理，只是其所言之理，如谓"法律不能与习惯相反者，立法上之原则也"，最终要落实在具体的历史文化里面。劳乃宣在就无夫奸入罪申说其理由时，就把"出礼入刑"视为普遍通行之理。他写道：

1　崔云松：《新刑律争论之感言》，转见李贵连《沈家本传》，第345、346 页。

外国礼俗，夫妇终身相处，子女年长即应自主，不归父母管束，故夫妇之关系重于父子。有夫之妇与人通奸，其夫必不能容，必生争端，既生争端，即妨治安，故国家定以为罪。若未婚之女与人私通，他人绝不讪笑其父母，其父母亦不引为耻辱。舅姑之于寡妇，更属不能过问。故无夫妇女与人通奸不致有生争端，即不致有妨治安，其国家之不定为罪，宜也。中国则不然。在室之女犯奸为家门之辱，贻笑于人，其父母视为大耻，其忿怒尤甚于夫之于妻。寡妇犯奸，其舅姑亲属之耻与怒，亦等于父母之于女，断无不生争端不妨治安之理。若不明定罪名，民心必不能服，地方必不能安。……总之，出礼入刑，中外一理，无夫妇女犯奸，在外国礼教不以为非，故不必治罪，而在中国礼教，则为大犯不韪之事，故不能不治罪。[1]

安徽巡抚对在法律上以人格主义取代家族主义表示的反对，遵循了同样的理路。其奏疏云："西人用人格主义不用

1　劳乃宣：《声明管见说帖》，《桐乡劳先生（乃宣）遗稿》（二），第 939—940 页。江苏巡抚原奏亦云："刑罚之原，基于礼教，礼教既异，刑罚即不能尽同。"转引自高汉成《笺注视野下的大清刑律草案研究》，第 83 页。直隶总督原奏："各国订立法律，莫不各就本国风俗习惯纂成一国之宪典。……夫中国治民之道，断不能离伦常而更言文明，舍礼制而别求教化。今徒骛一时之风尚，袭他国之名词，强令全数国民以就性质不同之法律。"转引自上揭，第 75 页。

家族主义,日本新刑法亦然,我国不能援用。上征国史,下察民情,皆莫不以家族团体为国家之根本。……若忽将家族主义骤然攻破,则全国人民国家之观念既浅,家族之范围复驰,恐人心涣然更无术可以结合。西人迷信宗教,国人多数从同,故不必重视家族。我国不然,舍修齐治平数言以外别无条教可言。"[1]其中"骤然攻破"一语,同时透露出对于仓促间除旧立新可能引致社会震荡甚至瓦解的担忧。这种担忧普遍存在于礼教派的论说之中,以致人们有时不容易分清楚,论者的立场纯粹为价值的,还是策略性的,或者,二者兼而有之。不过,就整体而言,新刑律乃至当时已定、将立之法,在基本的概念、方法、原则和体系诸方面都已经是现代的,则在此框架范围内的论争,就已经不是新与旧二者之间的选择,而是新旧融合程度之间的判定和取舍。安徽巡抚奏云:"今日立法……万不能守我国独有而又残酷之刑而不趋向于万邦共同可行之法,亦不能重违民俗违悖国情专为舍己芸人之计。"[2]这应该可以代表一般所谓礼教派的立场。不过,若只看原则性陈述,法理派的立场似乎亦距此不远。沈家本不就明确以"折衷各国大同之良规,兼采近世最新之学说,而仍不

1　高汉成:《签注视野下的大清刑律草案研究》,第72—73页。
2　同上揭,第73页。

戾乎我国历世相沿之礼教民情"为新刑律"修订大旨"吗?[1]
那么,礼教派与法理派之间如此激烈的论争,究竟所为何来?

　　表面上看,礼法之争的焦点是在法律的具体规范,如罪名之取舍,刑罚之轻重,标准之宽严等。进一层,则有原则上的分歧,如礼法之辨,道德与法律、立法与习惯之关系,甚至,文化与认同问题。再进一层,中西古今之辨,历史运化之理,也渐次成为论争的议题。在此过程中,争论双方为持守己见、驳倒对方,分别向不同方向用力,各自援用不同的思想和理论资源,进而形成不同话语,致令其立场愈加对立。

　　法理派挂在嘴边的公理、公例、进化、进步、科学、世界大同、共同原理等,是一套彼此相关、互相说明和支持的词汇,这些大词及其所代表的理论,构成一种普遍主义的话语。而礼教派强调的历史、习惯、民情、传统等,是一组性质不同的语汇,它们所由出的论说是相对主义和特殊主义的。这种话语上的对立不单是礼教派和法理派各自立场的反映,它们也界定了这场论争的性质,支配了话语的运用者,甚至决定了这场角力的胜负。

　　特殊主义的礼教派强调事物的个别性与地方性,在时间

---

[1]　在这方面,沈家本与他所倚重的受新式教育的日本留学生显然有所不同。他的教育背景、出身和地位决定了他的叙述方式必定是传统式样的。关于这种传统式样的叙述和论证方式,参见《寄簃文存》所收各篇文字。

上注重历史和当下,普遍主义的法理派则相反,它主张整齐划一,不承认例外。现实若与理论不相符合,则错在现实,可以未来之名予以忽略和消解。就社会现实情形而论,清末移植西法具有超前性,这一点,法理派很难否认。但他们不愿因此而迁就现实,相反,他们正欲藉改变法律来改造社会,创生国民。这也意味着,新法的正当性在未来,在此社会之外。而依其关于公理、公例的论说,这种正当性甚至不是来自所谓"东西各国",而是超历史、超民族、超文化的。这与礼教派的历史主义和社会学式的论说恰成对照。两种立场何者更优? 哪种解释更具说服力? 这些问题固然可以渐次展开,深入讨论。不过,这里的关键已不再是讲话的内容,而在话语本身。

中国历史上,涉及变与不变、现时情形与将来展望、普遍之理与特殊情态的论争并不鲜见,只是,所有这类论争,其性质均与清末的普遍主义与特殊主义之争不同。清末流行的普遍主义,源于西方近代启蒙思想,这个宏大而严密的话语系统,藉着一系列二元对立概念展开,具有一种强大的归类和规定力。让-弗朗索瓦·利奥塔尔在讲到科学知识同非科学知识(叙述知识)各自特征及关系时写道:

科学知识考察叙事陈述的有效性时发现,这些陈述从来没有经过论证。科学知识把它们归入另一种由公论、习俗、权威、成见、无知、空想等构成的思想状态:野蛮、原始、不发达、落后、异化。叙事是一些寓言、神话、传说,只适合妇女和儿童。在最好的情况下,人们试图让光明照亮这种愚昧主义,使之变得文明,接受教育,得到发展。[1]

这种知识上的不平等关系是内在的,它构成了启蒙的逻辑,也"构成了自西方起源开始的整个文化帝国主义史"[2]。理性压倒权威,科学战胜愚昧,人替代神,自由摆脱奴役,解放除去束缚,平等取消等差,文明战胜野蛮,现代取代传统,新破除旧,先进取代落后,凡此种种对立,先由欧西社会内部的,转为西方文明与中国(及其他非西方文明)之间的,最后/同时化为中国社会内部的。清末礼法之争,就是这种对立的一种表现。正惟如此,其优劣胜负,预先就已被确定。

清末之时,普遍主义话语大盛,潮流所至,即使不言公理、科学、进步者,也不敢以反对公理、科学、进步自居。在1923 年的一篇序文里,胡适写道:

1　[法]让-弗朗索瓦·利奥塔尔:《后现代状态》,车槿山译,北京:生活·读书·新知三联书店,1997 年,第 57 页。

2　同上揭。

> 这三十年来，有一个名词在国内几乎做到了无上尊严的地位；无论懂与不懂的人，无论守旧和维新的人，都不敢公然对他表示轻视或戏侮的态度。那个名词就是"科学"。……我们至少可以说，自从中国讲变法维新以来，没有一个自命为新人物的人敢公然毁谤"科学"的。[1]

这意味着，谁掌握了普遍主义话语，谁就天然地拥有论辩上的优势和强势地位。法理派动辄言公例、法理、东西各国、环球法学界、文明进步，其陈述简化而夸张，却又不容置辩，强烈的规范性主张就在事实性陈述之中。这种强大的力量与其说来自说理和论证，不如说来自修辞，来自话语。

清末的修律和变法，固然是渐进改良的一部分，参与其事的法理派人士亦非革命派。不过，他们所运用的普遍主义话语本身，却具有革命意蕴。"五四"时期有"只手打孔家店的老英雄"之誉的吴虞，说到新刑律把旧律有关孝道各条"一扫而空之"，视之为"立宪国文明法律与专制国野蛮法律绝异之点，亦即军国社会与宗法社会绝异之点，而又国家伦理重于家族伦理之异点也。共和之政立，儒教尊卑贵贱不平等之

1　胡适：《〈科学与人生观〉序》，载张君劢、丁文江等《科学与人生观》，济南：山东人民出版社，1997年，第10页。

义当然劣败而归于淘汰"[1]。这干脆就是杨度当年在资政院讲话的翻版，然而其含义却大不同。法理派屡屡引用的公理、科学等词，也是如此。1907年，日后以科学主义者和国民革命家著名的吴稚晖在法国巴黎创办了一份名为《新世纪》的周刊，其创刊号中可以读到这样的字句：

> 科学公理之发明，革命风潮之澎涨，实十九、二十世纪人类之特色也。此二者相乘相因，以行社会进化之公理。……昔之所谓革命，一时表面之更革而已，……若新世纪之革命则不然。凡不合于公理者皆革之，且革之不已，愈进愈归正当。故此乃刻刻进化之革命，乃图众人幸福之革命。[2]

这种激越的革命宣言对中国此后数十年的思想流变与社会变迁，影响至深至巨。革命颠覆了传统的政治、社会和文化体制，在某种意义上也成就了法理派的事业。从此，法律与道德两不相涉，家族制度也从法律中被消除净尽。然

1　吴虞：《家族制度为专制制度之根据论》，《吴虞集》，成都：四川人民出版社，1985年，第64页。

2　转引自［美］郭颖颐《中国现代思想中的唯科学主义（1900—1950）》，雷颐译，南京：江苏人民出版社，1998年，第9—10页。

而,法理派人士想象和期盼中的理想秩序出现了吗? 曾为修订法律馆干员、民国后历任中央司法及立法机构要职的董康,在后来一篇讲话中,对当年力主将礼教逐出于刑律之外的立场深自反省。他说:

> 自欧风东渐,关于刑法之编纂,谓法律论与礼教论不宜混和。鄙人在前清从事修订,亦坚执此旨。革易后服务法曹者十年,退居海上,服务社会又若干年,觉有一种行为,旧时所谓纵欲败度者,今于法律不受制裁,因之青年之放任,奸宄之鸱张,几有狂澜莫挽之势。始信吾东方以礼教立国,决不容无端废弃,致令削足就履。[1]

他最后的结论是:“以东方今日之情形,为谋社会之安宁,宜维持家之制度,而家之制度,舍礼教无第二法门。由是言之,明刑弼教,在今日尤宜严格励行。”[2] 此外,关于立法与社会之关系,他也有所反省,谓西方两大法系,“英美悉本自然,大陆则驱事实以就理想,以双方权利之主张,为学者实验之标本,程叙迂远,深感不便。……从前只改良司法,采用大

1　董康:《刑法宜注重礼教之刍议》,《董康法学文集》,第 626 页。
2　同上揭,第 637 页。

陆,久蒙削趾就履之诮。改弦易辙,已逮其时"[1]。

董康之例,并非个案。曾汲汲于从几何公理中推导出一整套新制度而为晚清以来一系列变革之始作俑者的康有为,流亡、游历各国多年之后,目睹共和建制以来中国政治、经济、社会、文化诸多方面的种种乱象,认识到自己当初一意求新、刻薄传统的孟浪和轻狂,转而以在新社会保留旧有文化传统为己任。[2] 不过,当日之中国,普遍主义话语汹涌澎湃,所有不能顺应潮流者,无论是前清礼教派的主张,还是后来康有为、董康辈的反思,都被革命者视为陈旧、落后甚至反动思想,必欲除之而后快。事实上,20 世纪的中国历史,就是普遍主义大获全胜的历史,而照这一历史的写法,就连吴虞这样的"五四"英雄人物不数年也成为时代之落伍者,则礼教派一概被书写为逆历史潮流而动的顽固守旧者,背负历史罪咎,其人物不值得同情,其言行不值得重视,其思想全无价值,势所必然也。

然而,在经历了中国过去一百年的种种曲折之后,重新

1　董康:《民国十三年司法之回顾》,《董康法学文集》,第 716 页。其《新旧刑律比较概论》专就新法可以参照旧法者列举数点,包括礼教、习惯及旧时标准等。同前揭,第 482—483 页。

2　详参曾亦《共和与君主:康有为晚期政治思想研究》,上海:上海人民出版社,2010 年。

回顾当年的礼法之争，我们应有可能把这一论争置于更大的历史视野之中，重估其意义。

一百年前的中国社会，面临"三千年未有之大变局"，全面而深刻的变革势在必行。法理派顺应大势，移植西方法律，于建立中国现代法律制度功不可没。然而因为种种原因，其求成之心过于急切，采用之方法亦过简单，未见问题之复杂、困难，故其议论难免流于空疏、肤浅。虽然以结果而论，法理派在当时及后来都是胜者，但他们因此造成及参与造成的问题，许多至今仍未解决。

礼教派秉承传统，重风俗人心，言改革则讲求国情，强调循序渐进。因而希望能寓新于旧，新旧并包。出于这种关切的种种议论，有些或不免于狃于旧习之讥，然而观其整体，其主旨并非泥古不变，而是求于变革中不失文化自我。这种立场和取向，在一波高过一波的普遍主义和激进主义浪潮下注定不能成功。但是，如果不以成败论英雄，我们就必须承认，礼教派当日提出的问题及理据，实较法理派的更现实、更复杂，也更深刻。

当然，今日回顾这一场历史上的争论，并不是要在争论双方之间分出高下，而是希望藉由对历史上这些不同观点及其所由出的背景的梳理，更好地理解我们当下的处境，以及造成这一境遇的过去。实际上,无论法理派还是礼教派,其存在之历史的合理性固不待言,他们的思想及行动也各具历史价值,如果中国社会的发展是基于此两种思想和力量的一种平衡,我们今天的世界就会不同,我们对这段历史的看法也将不同。然而事实是,历史的演进完全倒向一面。于是,在胜利者书写的历史里,失败者在被定格为可笑的反动分子的同时,也被阉割、禁声,失去言说的能力。而为此付出代价的,不只是前人,也是生活于当下的这个民族。

结语：晚清遗产谁人继承？

宣统三年(1911年)，清帝逊位，共和取代帝制，喧嚣一时的礼法之争也戛然而止。然而，生活仍在继续，且不乏连续性。晚清开创的法律移植事业，经由北洋政府、国民政府而延续至今，清末种种思潮、观念、话语、论争及其背后的问题，也以这样那样的方式，不断呈现于此后一百年的历史之中。只不过，这些延续与呈现并不只是以平和方式展现于立法院和大学讲堂，而是在各种不同政治和社会力量的角力中，在一轮又一轮的革命、改造、战争和运动中，以或隐或显、或接续或断裂的方式存在着。在此过程中，这些历史遗产，为不同个人和群体，以不同方式，为不同目的所用，从而造就了我们今日的世界。

民国初立,法制阙如,清末所立各项法律,除与民国国体抵触各条应失效力外,余均暂行援用。民国元年(1912 年)三月十日,由《大清新刑律》删改而成的《暂行新刑律》公布施行。此后十数年间,刑律有过两次修订草案,即民国四年(1915 年)的《修正刑法草案》和民国七年(1918 年)的《刑法第二次修正案》。后者再经增删,于民国十七年(1928 年)颁布施行,是为《中华民国刑法》,即所谓旧刑法。民国二十四年(1935 年),国民政府立法院制定之新刑法通过颁行,此即现行的《中华民国刑法》,在今之台湾地区仍然有效。[1]

这段从北洋政府到国民政府的法律沿革,在革命理念的激励下,逐渐完成其现代转型。其间,礼教问题曾一度反复,重新成为修律的重点。民国三年(1914 年)十二月,大总统袁世凯"思以礼教号召天下,重典胁服人心"[2],颁布《暂行新刑律补充条例》15 条,在已经废除的《大清新刑律》暂行章程5 条的基础上加以扩张,对前清旧律有所恢复。而同年发动、翌年完成的《修正刑法草案》,"以民国元年颁行之《暂行

1　详参谢振民编著《中华民国立法史》(下册)第七章,北京:中国政法大学出版社,2000 年。

2　同上揭 ,第887 页。

新刑律》为依据,外观世变,内审国情,大都于旧律之适用者则保而存之,于新律之未惬者则变而通之"[1],修改各条约十之五六,包括于总则增入亲族加重一章,纂入限制正当防卫及无夫奸之条等。[2] 不过,该草案终未议决公布,而前述《暂行新刑律补充条例》也在民国十一年(1922年)经广州军政府明令废止。毕竟,革命潮流不可阻挡。自民国七年《刑法第二次修正案》之后,无夫奸去罪化已经不可移易,而在民国二十四年的《中华民国刑法》中,奸通有夫之妇处刑之条,经过激烈争论,最终改为"有配偶而与人通奸者,处一年以下有期徒刑。其相奸者,亦同"[3],以求男女之平等。

民国民法所经历的发展,也有类似情形。宣统三年,《大清民律草案》告成,奏请饬下内阁核定,提交资政院审议,然而该草案未及议决,清室已亡,因此,民国元年准予援用的民

---

1 同上揭,第888页。

2 详参上揭,第888—889页。关于民国四年《修正刑法草案》更详细的讨论,参见黄源盛《民初法律变迁与裁判(1912—1928)》第5章,政治大学法学丛书,2000年。

3 相关的争论,详参谢振民编著《中华民国立法史》(下册),第923、927—933页。有关刑法上通奸条款的演变,参见黄源盛《法律继受与近代中国法》,第279—282页。

事法,不是该民律草案,而是前清《现行刑律》中的民事部分。[1] 这意味着,旧律有关民事的规定,继续沿用于民国时期。[2] 这种情形直到 1930 年代民国民法典各编陆续颁行方才有所改变。可以注意的是,民国政府的民法典编纂,由亲属、继承两编开始,盖以"民法总则、债权、物权各编,有民间习惯及历年法院判例,暂时尚足供司法者之运用,惟关于亲属、继承,习惯及判例皆因袭数千年宗法之遗迹,衡之世界潮流,既相背驰,揆诸吾党政纲,尤甚龃龉,爰决定先行起草民法亲属、继承两编"[3],其以新思想、新法律改造旧有社会关系的意图显而易见。稍后,立法院在民法总则立法理由中对习惯适用范围的说明,进一步表明了其革命的和改造的立场。

习惯之效力,欧美各国立法例本自不同。我国幅员辽阔,礼俗互殊,各地习惯,错综不齐,适合国情者固多,而不

---

[1] 参见谢振民编著《中华民国立法史》下册,第 742 页。

[2] 关于这一时期大理院在民事审判中适用现行刑律的情况,参见黄源盛《民初法律变迁与裁判(1912—1928)》第 1、8、9 诸章。

[3] 谢振民编著:《中华民国立法史》(下册),第 749 页。相关立法原则,参见第 750—753 页。

合党义违背潮流者亦复不少,若不严其取舍,则偏颇窳败,不独阻碍新事业之发展,亦将摧残新社会之生机,殊失国民革命之本旨。此编根据法治精神之原则,定为凡民事一切须依法律之规定,其未经规定者,始得援用习惯,并以不背公共秩序或善良风俗者为限。[1]

同样是采取革命的、改造的立场,共产主义革命在中国的兴起带来了另一番景象。1949 年,政权鼎革伊始,新政权即以摒弃一切旧事物的决绝姿态,宣布与旧法传统决裂。当年 2 月发布的《中共中央关于废除国民党六法全书与确定解放区的司法原则的指示》规定:"在无产阶级领导的以工农联盟为主体的人民民主专政的政权下,国民党的六法全书应该废除","在目前,人民的法律还不完备的情况下,司法机关的

---

[1] 转引自上揭,第 755—756 页。主持民国立法的胡汉民在解释民法所采用的原则时说:"我们现在所订的民法中还是采取第一派,认为习惯对于法律,仅能补充而已。因为我们知道我国的习惯坏的多,好的少。如果扩大了习惯的适用,国民法治精神更将提不起来,而一切政治社会的进步,更将纾缓了,如果那样一来,试问我们如何去推行我们的主义与政策呢? 政治会议给我们的立法原则中有这样的规定:'凡民法中无规定者,适用习惯;若既无明文规定,又无习惯可以适用时,得由法官用由法律推演而得之法理解决一切。'政治会议也因为看到我国社会上不良的习惯居多,所以不肯扩大它的作用。"胡汉民:《新民法的新精神》,载吴经熊、华懋生编《法学文选》,北京:中国政法大学出版社,2003 年,第 434 页。

办事原则应该是:有纲领、法律、命令、条例、决议规定者,从纲领、法律、命令、条例、决议之规定;无纲领、法律、命令、条例、决议规定者,从新民主主义的政策"。随之断绝的,不仅是前清开创而由民国承续的现代法律沿革的脉络,也是数千年流衍不绝的文化传统。这种全面而激进的反传统立场,在"五四"新文化运动时期即已表露无遗,然而其制度化的表达及其广泛而深刻的后果,却是在半个世纪后得到充分展现。

然而,这场历时三十年的激进的政治与社会试验终未获得成功。于是,自1980年代始,中国社会的发展似乎重又回到原来的历史轨迹之中。不过,这种改变与其说是对历史的简单复归,不如说是一种调整,一种重续传统的新发展。因此之故,我们看到,一方面,1980年代以后的法律发展,无论在形式、内容还是发展方式上,均可以被视为清末所开创的中国现代法律制度的某种延续,而不同于此前三十年的激进试验;但是另一方面,这种改变不仅贴有社会主义的标签,实际上也始终带有红色革命的历史印记。制定于1979年的刑法,也是新中国成立之后的第一部刑法典,里面没有通奸罪条款,更没有丝毫家族伦理色彩,亲属关系在法律面前也没有任何意义,相反,"大义灭亲"被规定为公民的法律义务。[1]

这种情形与曾受儒家文化影响的东亚国家和地区当下的法

1　"大义灭亲"的规定见于刑事诉讼的诸多环节,实践中,警察要求嫌疑人亲属配合以实现抓捕的做法亦甚普遍,这类事例还经常经由官方媒体被广为宣传。如中央电视台"社会与法"频道曾经播出一个案例:弟在河南偷窃,警察要求兄(上海在校大学生)诱弟之沪以捕之。弟入校园即被埋伏警员抓获。(其他媒体对这一案例也有报道,参见《三联生活周刊》2000 年 8 月 28 日)这期节目有意渲染兄弟之间的手足之情,前提则是国家法律和警察行为不容置疑的正当性。2005 年 4 月 20 日同一栏目播出的"义不容情"系列讲述了一个类似的故事:年轻村民犯罪逃逸,警察要求其家人协助抓获,疑犯父亲、哥哥、姐姐等经极大压力,后将其抓获并通知警察。镜头中疑犯被其家人捆绑,后被押上警车。该案亦似乎未按自首处理。最近的规定是 2010 年最高人民法院《关于处理自首和立功若干具体问题的意见》。该意见对亲属采用捆绑手段"送子归案"是否认定为自首的问题作出了规定。在回答记者提问时,最高人民法院相关负责人表示:"犯罪嫌疑人被亲友采用捆绑等手段送到司法机关,或者在不明知的情况下被亲友带领侦查人员前来抓获的,由于犯罪嫌疑人并无投案的主动性和自愿性,完全是被动归案,因此,上述情形不宜认定为自动投案。但是,法律对这种'大义灭亲'的行为应予以充分肯定和积极鼓励,在量刑时一般应当考虑犯罪嫌疑人亲友的意愿,参照法律对自首的有关规定酌情从轻处罚。"(张蔚然:《最高法规范自首立功认定标准:大义灭亲可轻判》,http://news.cn.yahoo.com/ypen/20101228/144605.html)有媒体认为,最近公布征求意见的刑事诉讼法修正案草案改变了实行已久的"大义灭亲"政策。(《中国二次大修刑事诉讼法拟摒弃"大义灭亲"》,《法制日报》2011 年 8 月 22 日)但是专家们指出,根据新的规定,被告人近亲属可以拒绝出庭作证,但仍不能拒绝作证,其证言不实仍构成包庇罪。而且,可拒绝出庭的仅限于被告人的配偶、父母和子女,其范围较刑事诉讼法所规定的"近亲属"关系更窄。"这样的规定还不能颠覆'大义灭亲',只能说是一定程度上体现了人性、人道、以人为本的精神。"(陈宝成:《亲属不出庭作证,并未颠覆"大义灭亲"》,《南方都市报》2011 年 8 月 31 日,http://opinion.cn.yahoo.com/ypen/20110831/562255.html)

律固然大不相同,[1]即使比较当代西方发达国家的法律制度,其刻薄寡恩亦显而易见,以至于研究者感叹,若孔、孟再世,见及中国及欧美国家(如法国)现行刑法,一定会因为后者尚存古意而误以为"中国之法",反以前者为"外邦之法"。[2] 此一现象富有深意,因为它是过去一百年社会变迁的结果,因不同观念、利益、组织、力量相互作用、组合而形成。

当年严复、梁启超、杨度等人鼓吹新民德,推动军国民运动和参与法律改革,都以个人自由、解放和权利为重要诉求。然而,正如研究者所指出的那样,这种努力和尝试偏向于"以集体利益统合个体意识和利益歧异",尽管这种偏向在当时的历史条件下有其合理性,但同时也"隐含了一个内在危险,

---

1　围绕相关问题以东亚社会为中心的历史的和比较的研究,参阅黄源盛《传统与当代之间的伦常条款——以"杀尊亲属罪"为例》,《华东政法大学学报》2010 年第 4 期。

2　范忠信:《"亲亲尊尊"与亲属相犯:中西刑法的暗合》,《法学研究》1997 年第 3 期,转见郭齐勇主编《儒家伦理争鸣集——以"亲亲互隐"为中心》,武汉:湖北教育出版社,2004 年,第 712 页。又可参见范忠信《中西法律传统中的"亲亲相隐"》,《中国社会科学》1997 年第 3 期;《容隐制的本质与利弊:中外共同选择的意义》,《比较法研究》1997 年第 2 期。以上二文均载郭齐勇上揭。该书所收其他文章可以被看成"五四"以来关于儒家伦理问题论争的延续。相关争论最近的发展,参见邓晓芒《儒家伦理新批判》,重庆:重庆大学出版社,2010 年;郭齐勇主编《〈儒家伦理新批判〉之批判》,武汉:武汉大学出版社,2011 年;邓晓芒《变味的批判——回应郭齐勇〈儒家伦理新批判之批判·序言〉》,《中国文化》第三十四期。

那就是它将人的发展以及身体的无限发展可能性,置放在国家生存的前提下来权衡体现。这种现实的需要,……开始在中国的智识场域中被自然化、绝对化和普遍化。……使身体在生物生存和社会责任的部分,都无法逃脱必须以国家作为忠诚对象的发展格局"[1]。事实上,这种可以名之为国家主义的发展,正是20世纪中国政治与社会发展的主旋律。

民国时期的法律发展,跳过"个人本位"而直接汇入"社会本位"这一"世界最新潮流";[2] 而党-国体制的建立,则促成了司法的"党化"。[3] 1949年以后,这一国家主义进程加速进行,并且达到空前广泛、深入的程度。中华人民共和国建国伊始立即颁行的两部法律,一部是直接针对旧式家庭的《婚姻法》(1950),一部是旨在消灭旧的土地阶级的《土地改革法》(1950)。两部法律均以群众运动方式在全国范围内推行,引发大量暴力、伤害及社会关系的毁坏。同时及稍后的各种政治举措,如打击反动会道门、破除迷信、对工商业的社会主义改造、农村合作化运动、知识分子思想改造等等,彻

1　黄金麟:《历史、身体、国家:近代中国的身体形成(1895—1937)》,第62页。

2　批判性的分析,参见王伯琦《近代法律思潮与中国固有文化》;孔庆平《改造与适应:中西二元景观中法律的理论之思(1911—1949)》第二章。

3　民国时期的司法党化问题,参见江照信《中国法律"看不见的中国"——居正司法时期(1932—1948)研究》第三章,北京:清华大学出版社,2010年。

底清除了个人与国家之间所有中间组织、制度和媒介,而将
所有资源集中于国家手中,真正造就了"必使国民直接于国
家"的局面:一端为党和国家,另一端是被从各种旧制度中
"解放"出来的仅具统计学意义的个人。这些赤裸裸的个人
不但在制度上被编为且仅仅成为国家的一分子,它们也被教
导、鼓励和要求以国家为其忠诚和献身的唯一对象。人类的
其他情感,无论亲情、友情、同情,还是爱情,都应服从于此,
否则就必须被抑制和抛弃。此种个人情感的国家主义化,在
"史无前例的无产阶级文化大革命"中有最充分的表现。诚
如研究者所指出,在"文革"的各种文艺作品中,充溢着"国
家主义情欲的展演"[1]。毫无疑问,这种直达个体心灵的控
制力是国家主义的极致。今天,国家主义的这种极端形式已
经褪色,不过,国家主义本身仍然构成中国社会生活的基本
形式,并试图在不断变化的条件下保有其影响力和控制力。[2]

1　详参李琳《论"文革"电影中女性情欲的政治文化实践》,《影视文化》2010 年第 3
　　期。对"文革"时期"身体"更全面的研究,参见祝勇《反阅读》,台北:联合文学出
　　版社有限公司,2008 年。
2　对各种社会组织、民间力量包括民营资本发展的抑制,在许多重要领域维持和加
　　强国家的垄断地位,无疑是当代中国国家主义的一种表现。前述刑事诉讼法修
　　正事例也是一例。近年来日渐强盛的国家主义思潮更值得注意。关于后一点,
　　详参许纪霖《当代中国的启蒙与反启蒙》第八章,北京:社会科学文献出版社,
　　2011 年。

　　国家主义的胜利通过对包括家族主义在内的各式对手的征服而实现,这一过程充满暴力。然而,同样确实的是,国家主义的胜利并非仅仅依靠暴力而实现。与暴力同样重要甚至比暴力更加重要的,是为这一征服及其暴力手段提供正当性的革命意识形态,后者就建立在我们在清末民初社会思潮中业已熟悉了的以科学主义为核心的普遍主义话语的基础之上。

　　晚清以降,科学主义在中国大获全胜。"科学"不但是"五四"新文化运动的主词,而且主导了随后发生的有关社会发展与人生观的大辩论,其支配力全面渗透于中国社会的各个方面,成为一种唯科学主义的意识形态。[1] 作为一种革命的意识形态,唯科学主义与 20 世纪中国社会最重要的两种政治力量——国民党和共产党——均有密切关联,而这两种政治力量的历史命运,也受到它们与这种意识形态相对关系的影响。简单地说,与国民党相联系的是一种较温和的甚至是有名无实的科学主义,与共产党相联系的则是一元论的实

1　根据郭颖颐的定义,唯科学主义是"那种把所有的实在都置于自然秩序之内,并相信仅有科学方法才能认识这种秩序的所有方面(即生物的、社会的、物理的或心理的方面)的观点"。[美]郭颖颐:《中国现代思想中的唯科学主义(1900—1950)》,第16—17页。作为一种教条和信仰,"唯科学主义是一种对宗教和流行信仰的批判者",但在中国,按郭颖颐的说法,它同时也是一种具有宗教替代功能的新的崇拜形式。同前揭,第25—26页。

证唯科学主义。国共两党的斗争,在这一层面,就是所谓"披着科学外衣的唯生论"同"科学的唯物一元论"之间的较量。[1] 结果是,后者的"科学"战胜了前者的"伪科学"。这不但意味着普遍主义话语的强化和更大流行,也预示着传统的进一步衰败。实际上,这是同一历史过程的两个不同方面。

在国民党那里,科学话语虽然重要,但其贯彻并不"彻底"。孙中山的三民主义、五权宪法,无不糅合了传统要素。南京国民政府编制民法典,虽然对当时世界上"最先进"的法典及学说亦步亦趋,却念念不忘上接中国的"王道传统"。[2] 与之不同,信奉历史唯物主义的中国共产党人,要斩断同历史的一切联系,从无到有地创造一个全新世界。身为"五四"新文化运动思想领袖和中国共产党创始人之一的陈独秀曾断言:"宇宙间之法则有二:一曰自然法,一曰人为法。自然法者,普遍的,永久的,必然的也,科学属之;人为法者,部分的,一时的,当然的也,宗教道德法律皆属之。……人类将来之进化,应随今日方始萌芽之科学,日渐发达,改正一切人为

1　参同上揭,第13—16页。

2　参见胡汉民的《民法债编的精神》和《民法物权编的精神》二文,载吴经熊、华懋生编《法学文选》。

法则,使与自然法则有同等之效力,然后宇宙人生,真正契合。"[1] 他又说:"要拥护那德先生,便不得不反对孔教、礼法、贞洁、旧伦理、旧政治。要拥护那赛先生,便不得不反对旧艺术、旧宗教。要拥护德先生又要拥护赛先生,便不得不反对国粹和旧文学。"[2] 总而言之,传统以及旧的价值秩序,都是科学要革除的对象。支配 20 世纪中国思想并主导中国社会变迁的,就是这样一种革命的、彻底的、无所畏惧的科学主义。它以科学之名,把中国的共产主义革命,标榜为放之四海而皆准的人类社会发展规律的具体体现,并为通过战争、革命、运动、改造等手段实现社会变革提供了一套完整的宏大理论。[3] 中国 20 世纪的政治和社会变迁所伴随的,就是这样一场普遍主义对特殊主义、理性主义对自然主义的征服史。

然而,意味深长的是,在"文革"结束后的改革开放时代,这一鼓荡中国思想界将近一百年的普遍主义话语开始退潮。更确切地说,支配中国思想与社会的意识形态格局开始发生

1　陈独秀:《再论孔教问题》,转引自〔美〕郭颖颐《中国现代思想中的唯科学主义(1900—1950)》,第 62 页。

2　陈独秀:《本志罪案之答辩书》,转引自〔美〕郭颖颐《中国现代思想中的唯科学主义(1900—1950)》,第 55 页。

3　关于科学观念在中国近代思想史上这一发展的认识论环节,参见金观涛、刘青峰《观念史研究:中国现代重要政治术语的形成》第九章,尤其其中第 8 节。

变化。其最显著者,则是普遍主义与特殊主义之争复燃,但其角色已变:昔日引领潮流的普遍主义者,如今成为国情论者,而其批评者则多以普适价值相号召。把当下这场论争与清末的论争相比较,可以发现许多相似之处,甚至争论双方的论证方法及特点,前后也相去不远。这表明,中国人当日遇到的问题,无论为客观的还是主观的,今天仍未解决。

与此同时,科学主义依然流行,但其作为合法性意识形态的角色也开始有分化迹象。简单地说,由普遍主义变身为国情论的官方论述仍然高度倚赖于科学话语,并试图维持对科学话语的垄断。但从普遍主义向特殊主义的撤退,多少削弱了这种努力的成效。毕竟,科学主义通常是同普遍性联系在一起的。[1] 不过,当今普适论者挂在嘴边的,更多的是"民主"、"人权",而不是"科学"。在他们那里,科学主义与其说是一个标签和符号,不如说是其基本的思想方法。同样是"五四"新文化运动的精神后裔,当代普适论者一样地相信社会进步,相信普遍的进步公式,相信放之四海而皆准的价值准则。由此出发,他们也同样地敌视传统,轻忽习俗,对中国

---

[1] 在当代中国,这种普遍性更多是同"实践是检验真理的唯一标准"这样的命题联系在一起的。不过,这个命题同时也意味着真理的可变性,因此具有内在的紧张。关于"真理"观念及其与传统的"理"和"公理"观念关系的讨论,参阅金观涛、刘青峰《观念史研究:中国现代重要政治术语的形成》,第58—70页。

"两千年的封建遗毒"深恶痛绝,对贴有儒学、孔教标签的各种思潮和现象均抱持高度警惕。着眼于此,可以说,当代中国政治思想方面的主要对立派别,包括其中的新旧支脉,其思想上的亲缘关系及相似性,至少也像它们表面上的分歧和对立同样重要和值得注意。这也意味着,晚清历史遗产流变的图景并非黑白分明。

以今日情形而论,若以国家主义划线,则不同政治主张及力量之间的界限尚易辨识,以普遍主义划线,情形则较为复杂,若以科学主义划线,更是如此。涉及法律与道德关系问题,也有同样情形。自清末法理派力倡法律与道德两分之说,道德残余便逐渐被从法律中去除净尽。今天中国之刑法,全无旧时代痕迹。礼教立法的原则固然荡然无存,亲属关系在刑法上也了无意义。传统的家族制度早已不存,家庭伦理也因为代际关系的改变[1]和大量家庭残破甚至解体[2]而

1　中国家庭传统代际关系的变化有深刻的政治、经济和社会原因,传统的家庭关系和家庭伦理也因此而面临严重危机。农村社会层出不穷的养老纠纷很多与此有关。参见郭于华《代际关系中的公平逻辑及其变迁——对河北农村养老事件的分析》,《中国学术》2001年第4期。关于法律在其中扮演的角色的分析,参见梁治平《乡土社会中的法律与秩序》,《在边缘处思考》,北京:法律出版社,2010年,第104—107页。

2　这里所说的残破和解体并非寻常的社会现象,而是伴随着数以亿计的农民离乡而出现的一种结构性问题。参阅张玉林《"离土"时代的农村家庭——"民工潮"如何解构乡土中国》,《洪范评论》第6辑,北京:中国政法大学出版社,2006年。

难以维系。个人主义原则从一开始便支配了婚姻法。[1] 如今,权利话语更大举侵入个人私域,财产原则也在所谓市场化改革的冲击下进一步渗入和支配了家庭关系,并以法律方式将残余的旧的家庭观念和伦常清除殆尽。[2] 造成这种局面的合力,既有鼓吹个人解放的现代思潮,也有造就现代社会的国家主义运动。实际上,这两派都是清末法理派的继承者,它们对这段历史的叙述和评判,虽然用语不同,标准却是一样的。正因为如此,相对于国家主义对传统道德秩序的毁坏,一百年来,中国的自由主义者在道德秩序重建方面也一无建树。至于今日,倡言法治的自由派人士,仍动辄教导公众个人有不道德的权利,而将个人自由、权利奉为圭臬的法律人,也以为法治与道德无关,对国家治理实践中利用传统

1　无论是在 1949 年以前的革命据地,还是在那之后的中国,这种个人主义的婚姻法都因为与社会之间存在这样那样的脱节而不能完全实施。尽管如此,法律标准本身始终不改,而这种标准所给予的个人在婚姻上的自由程度,即使同时期许多发达国家的法律也很难达到。

2　近年来由最高人民法院作出的婚姻法解释,把家庭变得更像一个公司。这些兼具司法和准立法职能的法律人显然相信,他们可以这种方式解决目前所遇到的家庭问题。相关的分析,参见赵晓力《中国家庭资本主义化的号角》,《文化纵横》2011 年第 2 期;《反哺模式与婚姻法》,《法制日报》2011 年 8 月 20 日,第 7 版。

道德和民间习俗的做法嗤之以鼻甚或猛烈抨击。[1] 然而，实际情况是，法治未立，前人所忧虑的"人惟权利之争，国有涣散之势"[2]的情形，却已成为现实。

综观中国百年历史，类似情形并非特例：国家主义狂潮之下，国家已然独立、"富强"，而社会贫弱，人心离散，国家统一迟迟不能完成；理性主义大胜自然主义，国家治理之理性化反而难以实现；规划的社会变迁，令社会生活支离破碎，生机尽失；法律主义固已取代道德主义，但是"政令不行，伦理荡尽"[3]；"有中国特色的社会主义法律体系"已宣告建成，实

1　基于实用主义的考虑，国家治理实践中政府甚至司法机构每每利用传统和民间资源，如"以德治国"口号的提出，干部选任时亦对候选人个人品德包括家庭道德的考察（参见比如《新世纪周刊》2010年第37期，第83页"背景"新闻），司法审判中对民间习惯以及民众道德观念的考量和吸纳（有所谓"中国公序良俗第一案"之称的四川泸州遗赠案［2001］就是一个突出的事例。关于这一案件，媒体当时有广泛的报道，法学界亦多讨论）。但是这类做法缺少法律及法理上的正当性，因此不为一般知识-法律人所接受。结果是，这部分法律精英不但批评当政者，也常常远离普通民众。

2　黄兴：《致袁世凯等电》，转引自曾亦《共和与君主：康有为晚期政治思想研究》，第84页。尤其可注意的是，这位著名的革命者在电文中促请袁世凯"通令全国各学校老师申明"孔孟之义，盖"孝弟忠信、礼仪廉耻为立国之要素，即为法治之精神"。同前揭。这种见识显然是其今天的后继者所没有的。

3　同上揭。黄兴指出："彼来学子，每多误会共和，议论驰于极端，真理因之隐晦。循是以往，将见背父离母以为自由，逾法蔑纪视为平等，政令不行，伦理荡尽。家且不存，国于何有？"同前揭。这种担忧今日已成为现实。

现法治的目标仍任重而道远;[1]普遍主义和特殊主义轮番交替,争论不止,中西古今之辩了无止歇,文化认同问题较以往更加严重和急迫;中西古今之辩了无止歇,文化认同问题较以往更加严重和急迫。所有这些或强或弱的矛盾,或隐或显的问题,无不可追溯于清末。而当年的论争不但预示了后来的政治、社会与文化之变,而且在一定程度上参与其中,就是这变迁的一部分。由今视昔,则历史之意义豁然,我们对自己当下处境的了解,也将因此而深化。

---

1 对"中国特色社会主义法律体系"概念的分析,参见梁治平《"中国特色"的法治如何可能?》,《文化纵横》2011年第6期。法律在农村社会实施的情况,参阅梁治平《乡土社会中的法律与秩序》,《在边缘处思考》;对法律与社会的关系以及法治问题更一般的分析,参阅梁治平《在中国,法律是什么?》,载《洪范评论》第13辑,北京:生活·读书·新知三联书店,2011年。

后　记

　　把一个想法变成一个计划,再将计划付诸实施,最后,完成这个计划。这个过程,可以很短,也可以很长。这本小书,从立意,到完成,用了 7 年时间。这个时间,对我来说,实在是不短。

　　2005 年春节过后,应香港中文大学苏基朗教授之约,我们一起在中大历史系开了一门课,课程的名称是:"中国法制史导读"。开设这门课程的目的,是要通过阅读和讨论相关典籍和材料,让学生对传统中国法律文化及其演变有所了解,进而对中国法治前景诸问题加以思考。我同苏教授分工,他讲总论,还有他熟悉的宋代法律,我接着往下讲,就从明清开始,但我的重点是"近代的法律转型",其中最先讲到的,便是清末的"礼法之争"。

　　关于这场世纪礼法之争,以往的研究,或重中西之辨,或申新旧之别,所为解释,皆有根据。但在备课过程中,我发现,这些研究和解读,均有局限。不但当年所争之事尚有重新认识和解读的空间,今人多未措意的论战各方所持立场、方法、话语等,也大可玩味。在我看来,所谓礼法之争,不但涉及法律与道德、家族与国家、自然与理性、普遍与特殊诸范畴之间的关系,而且关乎现代中国的构想,中国现代化的路径,以及变革过程中的身份认同诸问题。正因为如此,在我眼里,这场已经沉寂了百年的论争,其实从未成为过去,它一直纠缠着我们,甚至,它已化为我们当下生活的一部分。这种想法让我耿耿于怀。这便是本书的缘起。

　　这门课先后讲了几回,每次授课对我都是一次提醒,一次催促,当然,也是一次准备。想到几种可能的写法,单篇论文,或者,形式上更自由的文章系列。我甚至拟就若干题目,其下纲目略备,只待敷衍成篇。然而,几年过去了,这个念头始终只是一个想法,它甚至没有变成计划,如果不是后来机缘凑巧,它至多也就是一个文章梗概,而无由变成现在的样子。

　　那是在前年,老友陈嘉映教授邀我参加他主持的一个有关"普遍性"问题的讨论。这是个哲学题目,参加讨论的也都是哲学界中人。通常,我不会参加这样的讨论,而我最终决定加入其中,一个重要的原因,便是想到了这个搁置已久,却又不能忘怀的题目。何不借此机会清偿这笔旧债? 保守了若干年的想法,这时才变成计划。

那次报告的题目是:"普遍主义 vs. 国情论:一个历史的注脚"。大体上,本书各章就是在那个报告的基础上扩充而成。不过,这个过程比我想象的更长,也更复杂。其间除了进一步地阅读和研究,还有报告和发表。同一主题曾在不同场合报告,写完的部分先后在《上海书评》刊出。写作就是在此过程中进行和完成的。我没有想到,完成这项研究花了这么长时间,也没有想到,最后呈上读者的,不只是一篇或数篇文章,而是一本小书。但我知道,没有上面提到的种种机缘,就不会有这本小书,或者,其面世的机会更小,拖的时间更长。

要感谢的人里面,除了前面提到的苏基朗教授和陈嘉映教授,还有北京大学的李贵连教授和台湾政治大学的黄源盛教授,他们两位关于清末礼法之争的研究和著述,对我涉足并完成这项研究帮助最大;中国人民大学的周濂教授,武汉大学的郭齐勇教授、胡治洪教授,还有中山大学的徐忠明教授,曾分别邀请我在他们组织的会议和论坛上报告,让我有可能通过报告和讨论不断整理思路;陆灏先生一直关心我的研究和写作,并为我提供了适时的发表机会;上海书店出版社的王为松社长不弃,把这本小书纳入该社的出版计划;马睿和李佳怿两位编辑,合作完成了对本书的编辑,并为找到令人满意的出版形式,花费了许多心力。

回想起来,一篇文章,一本书,就好像有自己的生命一般,而这生命的成就,是由许多机缘促成的。其实,人的生命,我们所有人的生活,也无不如此。

治平

2012 年 7 月 31 日于汉口旅次

致　谢

本书最初由上海书店出版社于 2013 年出版。

承蒙上海书店出版社惠允,本书现列入本作品集出版。

特此志谢!

梁治平

2015 年 2 月 4 日